江戸の働き方と文化イノベーション

加納正二 著

まえがき

最近、「働き方改革」や「ライフ・ワーク・バランス」などの言葉が頻繁に聞かれるようになった。「柔軟な働き方がしやすい環境を整備」し、「副業・兼業」を推進する社会になりつつある一方で「長時間労働」による「過労死」という悲惨な事件も起きている。

二〇一八年六月「働き方改革を推進するための関係法規の整備に関する法律」が可決され、労働者がそれぞれの事情に応じた多様な働き方を選択できる社会を実現する働き方改革を総合的に推進するため、長時間労働の是正、多様で柔軟な働き方の実現、雇用形態にかかわらない公正な待遇の確保等のための措置を講ずることになった。

少子高齢化による労働供給制約を抱える日本が持続的な経済成長を実現していくためには、イノベーションを促進させ多様な人材が個々の事情に応じた柔軟な働き方を選択できるように「働き方改革」を推進し一人ひとりの労働生産性を高めていくことが不可欠であるとされる（平成二九年版および平成三十年版『労働経済白書』）。

本書の目的は、このような時代の中で、江戸の働き方や文化イノベーションについて考察し、今日的な意義を見出すことにある。

江戸時代の武士は謹厳な勤務を強いられたようなイメージがあるが形式においてはともかく実態においては必ずしもそうは言えない。

三田村鳶魚によれば、江戸の武士は「三番勤め」といって三日に一日勤めるようになっていた。仕事量に比して武士の数が多すぎたため、ワーク・シェアリングとしてこの制度が実施された。建前としては、非番の日は武芸の鍛錬と学問を修めるための時間とされていた。しかし武士は休日に副業を行うようになった。

江戸時代、下級武士が暇を持て余し、副業として文筆業を始めた現象や遊び・娯楽の文化活動が経済活動に結びついていった現象は「文化イノベーション」とも呼べる現象であろう。

筆者が考える江戸時代の文化イノベーションの時代は二度ある。元禄時代と田沼意次時代である。元禄時代は貨幣経済の発達に支えられ幕府の中央市場と諸藩の地方市場との間に、商品の流通が盛んに行われるようになった。これに伴い全国的な交通網も整備され、文物の交流もさかんになった。経済活動は社会を豊かにし、暮らしに文化をもたらすが、逆に文化が消費を活発にし、経済効果をもたらすとも考えられる。

元禄時代には多くの書籍が版行される「出版イノベーション」が起き、職業文化人として松尾芭蕉、井原西鶴、近松門左衛門などが登場した。これら三大文人は異常な性格をもつといわれる五代将軍徳川綱吉統治の世であったからこそ輩出できたともいえよう（これらは本書の第一章、第二章で言及する）。

一方、田沼時代になると田沼意次は革新的な経済政策を行い、自由な空気を作った。天明時代の人々は、四民（士農工商）の区別なく狂歌会に参加し、狂歌と浮世絵のコラボでヒット商品を出すなど「文化イノベーション」が起きた。中心となった人物は下級武士の大田直次郎である。大田直次郎は大田南畝（おおたなんぽ）、四方赤良（よものあから）あるいは蜀山人（しょくさんじん）の号で知られる武家文人だ。

本書では下級武士が七十歳を過ぎるまで役所に勤めながら、副業の文筆活動を行ったという「働き方」に着目したいがために、文人の号ではなく、あえて武士としての大田直次郎という名前を用いた。下級武士大田直次郎（武家文人大田南畝）は、本書の第三章から第七章までの章すべてに登場する本書の主役級人物である。

庶民からも支持される天明狂歌の大ブームを起こした武家文人大田南畝や多面的な創造力を発揮して活躍し江戸のレオナルド・ダ・ビンチといえる天才平賀源内を輩出したのは田沼時代だからこそであろう。

残念ながら五代将軍徳川綱吉も田沼意次も悪名高く、マイナスの部分が誇張されて後世には伝わっているようである。

芭蕉・西鶴・南畝・源内などスーパー・スターばかりでなく、六章ではそれほど有名ではない下級武士の働き方とワーク・ライフ・バランスについて考察する。六章で登場する下級武士は尾張藩の朝日文左衛門、忍藩の尾崎石城、御徒の山本政恒、桑名藩の渡部平大夫、紀州藩の酒井伴四郎、それに御馴染の御徒、大田直次郎（大田南畝）である。

第七章では天下泰平の江戸時代が二百五十年間続いた要因を格差と幸福の観点から分析し、下級武士・職人・商人の収入や幸福度を比較考察する。

（幕府が意識したかどうかはともかく、結果として）富と権力を集中させず、富は町人に、権力は武士というふうに分散させたのが「徳川の平和」の秘密と思われる。

第八章では江戸の貸出業の特徴を比較する。呉服商から貸出業に進出し、後に財閥になった三井越後屋をはじめとして江戸時代から続く長寿企業が日本にはいくつもあり、日本は長寿企業大国と呼べる。「働き方」の総和が企業の経営実績であろう。「働き方」を考察する参考として長寿企業の長寿のメカニズムを第九章では探る。

最後の第十章ではアフリカの作家チユッオーラの『やし酒のみ』の世界と江戸の時間を比較し、労働の意義について考え、現代に示唆する「働き方」を考察する。

本書が現代の新たな「働き方」や「イノベーション」創出の一助になれば幸いである。

目次

第一章　五代将軍綱吉は犬将軍か大将軍か

一　はじめに

元禄時代は、様々な点で江戸時代の転換期であったといえる。元禄は五代将軍綱吉の御代である。綱吉は一六四六生、一七〇九没で在職期間は一六八〇から一七〇九年までである。元禄時代とは、一六八八から一七〇四年をさす。

綱吉の娘、鶴姫という存在が綱吉の異常な性格や不安とどのように結びつき、綱吉の政策にいかに影響を与えたかを本章では考察したい。歴史に「もしも」という仮定はありえないが、鶴姫が、もしも男児として将軍家に誕生しておれば、歴史は大きく変わったであろうと思われる。天下の悪法「生類憐みの令」も発布されたであろうか。

本章の構成は以下のとおりである。第二節では、元禄時代の政治経済文化の特徴について概観する。第三節では、生類憐みの令を社会福祉に先鞭をつけた先進的な法律としてプラスの評価をしてみたい。第四節では、鶴姫の生涯を概観し、「鶴」という文字や鶴の図柄を使用することを禁ずる鶴字法度について考察する。第五節では、綱吉の不安と鶴姫について考察する。第六節は結語である。

二　元禄時代の特徴

本節では、元禄の政治経済文化の特徴について概観する。

（一）元禄時代の政治

幕政は安定し、武断政治から文治政治へ転換した。この転換の契機は慶安四年（一六五一）由井正雪の乱（慶安の変）とされる。多数の牢人（主家を持たない武士身分。後に標記は浪人となる）の問題があると考え、末期養子の禁止の緩和、殉死（追腹）の禁止を行った。

武断政治とは、武力を背景とした強圧的政治であり、戦国時代の遺風を残したものである。初代家康（一六〇三から〇五）、二代秀忠（一六〇五から二三）、三代家光（一六二三から五一）までが武断政治といえよう。文治政治とは、法律・制度・儀礼などを整え、儒教的な徳治主義により人々を教化し秩序を保とうとする政治で、四代家綱（一六五一から八〇）から始まり、綱吉の時代にさらに進展したと考えられる。

武断政治時代と文治政治時代では、武家が守るべき義務を定めた武家諸法度の内容にも変化が見られる。武断政治時代の元和（げんな）元年（一六一五）、二代将軍秀忠が発布した元和令の第一条は「文武弓馬の道、もっぱら相嗜むべきこと」であった。これに対して、天和三年（一六八三）に綱吉が出した天和令の第一条は、「文武忠孝を励し、礼儀を正すべきこと」である。

武家にとって大切なことが「弓馬の道」すなわち武道から「忠孝」や「礼儀」に変わったことを意味する。この背景にある思想は儒教である。儒学にもとづき、主君に対する忠、父祖に対する孝、礼儀による上下の秩序を重んじた。

綱吉の文治政治の特徴は次のようなものであろう。

②　儒教に裏付けられた思想。

②学問の奨励。湯島聖堂を建て、林信篤を大学頭に任じた。渋川春海を天文方に、北村季吟を歌学方に登用した。

③仏教の保護。護国寺を建立し、東大寺大仏殿を再建した。

④側用人政治。柳澤吉保は小姓から側用人、後に大老格となった。

（二）元禄時代の経済

十七世紀は、市場経済化が進展した時代である。財貨と貨幣の流れが全国規模になり、競争が生じ、同時にビジネスチャンスもあった。経済が成長し、産業が発展した。このことは、貨幣の需要を増大させた。貨幣の潤沢な供給が円滑な市場取引を促すことになる。米遣い経済から貨幣経済へ移行する時期である。

市場経済化が進んだ元禄時代には、江戸時代の初期豪商に代わって新興商人が登場した。また投機的商人もいた。徳川政権ができる過程で幕府や藩に協力し、その見返りに営業上の特権を与えられた商人が初期豪商である。例えば朱印船貿易家、銀貨を鋳造する銀座の商人、呉服師、糸割符商人、町年寄りなどである。しかし幕府の財政が悪化するとともにその力が弱くなっていった。鎖国により初期豪商の活躍舞台は狭くなった。国内の地域価格差で儲けた初期豪商は交通整備により全国市場が形成され、価格の地域差が見られなくなり衰退した。銀山から銀の産出が減少し、銀座の商人は力を弱め、幕府・藩の財政が悪化し、呉服師は収入が減少した。輸入生糸の減少で糸割符商人はやはり力を弱めていった。

これに対して、貨幣経済の発展、中央と地方の商品流通の発達を背景として、才覚によって台頭した新興町人層がある。代表的な新興商人が三井八郎右衛門（三井越後屋）である。この他、鴻池善右衛門、住友吉左衛門がいる。三井は大量な商品流通時代に素早く適応した。

この時代には投機的商人も登場した。奈良茂（奈良屋茂左衛門）と紀文（紀伊国屋文左衛門）が代表である。二人は投機的な材木商として彗星のように現れ、そして消えていった。

佐渡・伊豆・石見の金・銀山があり、三代家光までは財政にゆとりがあったが、次第に金銀の産出量が低下した。四代家綱時代の明暦三年（一六五七）に明暦大火が起き、江戸城・市街の再建復旧事業が必要となった。また寺社の造営・修繕費増加で、綱吉時代七十万両支出したとされる。これらが元禄時代に財政の悪化をもたらした要因と考えられる。

財政改善策として、勘定吟味役（後に勘定奉行）、荻原重秀（おぎわらしげひで）の提言により、金の含有率を下げた小判を鋳造した。慶長小判は純金の含有比率は八十四・二九％であったが、元禄小判は五十七・三六％である。貨幣改鋳による出目（差益）を財政収入とした。

（三）元禄文化

幕藩体制の安定とともに、町人が台頭し、文化の担い手となり、上方の町人文芸が発展した。明るく伸びやかな性格をもち、憂き世は浮き世に通じ、生活を楽しむ文化である。人間性の追求をめざした町人文芸とされる。代表的な文人には、人形浄瑠璃・歌舞伎脚本家の近松門左衛門、蕉風俳諧を確立した松尾芭蕉、談林風俳諧・浮世草子で知られる井原西鶴などがいる。

西鶴の作品は『好色一代男』などの好色物、『日本永代蔵』などの町人物、『武道伝来記』などの武家物の三つに大別できる。人形浄瑠璃の語り手には竹本義太夫、歌舞伎では江戸で荒事（勇壮劇）の市川団十郎、上方で和事（恋愛劇）の坂田藤十郎がいる。浮世絵は菱川師宣である。師宣は肉筆画のみならず大量生産が可能な木版画を普及させ町人の人気を得た。

三　生類憐みの令を（あえて）プラスに評価するならば

綱吉が異常な性格であるとされる根拠の一つが生類憐みの令という天下の悪法である。幕府の台所での鳥類・貝類・海老の使用禁止、人宿・牛馬宿などで重病の生類を遺棄すること禁止、食物としての生鳥・生魚の商売を禁止、大八車や牛車が犬を引き殺さないように注意すること、中野に広大な犬小屋を建て野犬を収容すること、捨て子がいれば保護し養育すること、など様々な令が発布されている。

生類憐みの令とは一回限りの法律ではなく、何度も発布された様々な生類に関する法度の総称である。問題は禁を犯した際のペナルティについて人の命と動物の命というバランスのない刑罰である。生類憐みの令の数多くある批判は紙幅の制限上、本書では割愛し、生類憐みの令をあえてプラス面から考えた場合の評価のみ紹介したい。

①鷹狩を禁止し、農民を気づかった。

藩主は鷹狩に出かける際に、そのあたり一帯に野生動物がいることを求めた。餌を求めて田畑にいる鳥の群れや作物を食い荒らす野生動物を農民は追い払うことができず収穫を失った。また狩りの一行は田畑を踏みつけて荒らした。

鷹狩が原因で田畑が荒廃し、作物が実らないことを綱吉は懸念した。この観点からは、鷹狩の好きな八代将軍吉宗よりも綱吉のほうが農民からは評価されていることになる。

②野犬対策を行った。

それまでの犬は「犬喰い」と言われる食用の慣習があった。それがなくなった。武士の子供にとって犬は戦闘訓練の相手であった。三代将軍家光は、竹垣で囲った馬場に犬を放ち矢で射るという室町鎌倉時代の娯楽を復活させた。

元禄八年に江戸の四谷・大久保・中野に犬小屋を建設し、元禄十年（一六九七）までに四万匹が収容された。野犬対策になったが、関東農民や江戸町人に飼育料を負担させていた。

③人の命の大切さを示した。

武士というものは、生死二者択一であれば死を選ぶべきとされた。山本常朝の『葉隠』で記されているように、「武士道といふは、死ぬことと見つけたり」であった。死の礼賛、公益への忠実で有効な献身の理想が結びついていた。それに対して綱吉は殉死を禁止し、犬の命も尊ぶことで人の命を大切にするというパラダイムの転換を図った。

④弱者に対する社会福祉に先鞭をつけた。

捨て子、行路病人や囚人に対する環境を改善した。支配者側が弱者を気遣うのは前例がなく社会福祉政策の先鞭をつけたという点で評価できる。

功罪ともにある生類憐みの令であるが、果たして綱吉が生類を大切にしようとした理由は、巷に言われる隆光僧正の進言（前世の因縁ゆえ生類、特に犬を大切にせよ）ゆえだけであろうか。『徒然草』（兼好法師による鎌倉時代の随筆）も少なからず影響していると考えられる。

島内（二〇〇九）は、北村季吟が『徒然草拾穂抄』を綱吉に献上したのは柳澤吉保の差し金であると推測している。同書で、島内は次のように述べている。

「無用な殺生を戒めた『徒然草』を、綱吉は深い共感を持って読んだことだろう。むろん季吟は、生類憐みの令を支持するためにのみ、『徒然草拾穂抄』を将軍に献上したのではないだろう。しかし、少なくとも『徒然草』の第百二十一段・第百二十八段・第百六十二段の三段は、兼好によって書かれて以降、おそらく最高に深い思い入れで熟読する読者（綱吉）に恵まれたのではなかろうか。季吟は、その手助けをしている」

ちなみに『徒然草』第百二十一段を抜粋すると以下である。

「走る獣は檻にこめ、鎖をさされ、飛ぶ鳥は翅を切り、籠に入れられて雲を恋ひ、野山を思ふ愁、止む時なし。その思ひ、我が身にあたりて忍びがたくは、心あらん人、是を楽しまんや。生を苦しめて目を喜ばしむるは、桀・紂が心なり」

第百二十八段の抜粋は次である。

「おほかた、生けるものを殺し、傷め、闘はしめて遊び楽しまん人は、畜生残害の類なり。（中略）すべて、一切の有情を見て、慈悲の心なからんは、人倫にあらず」

第百六十二段の抜粋は次である。

「殺す所の鳥を頸にかけさせて、禁獄せられにけり」

第百二十一段は生を苦しめるのは、桀王・紂王（中国古代の暴君）のようであるとし、第百二十八段では人倫ではないとしている。第百六十二段は、雁をねじ殺した法師をつかまえて、殺した鳥を首にかけさせて、牢に閉じ込めたという生類を苦しめたものに対する具体的な刑罰が記されている。

これらの段は綱吉が繰り返し読んだであろうことが想像できる。ただ、これを実際に法度として施行してしまうところに、綱吉の執着心の強い異常な性格がうかがえる。

四　鶴字法度と鶴姫の機会費用

綱吉の愛娘鶴姫は、延宝五年（一六七七）四月八日、江戸白山御殿にて誕生した。母は側室於伝の方（瑞春院）である。紀州藩主の徳川綱教に貞享二年（一六八五）二月二十二日に輿入れした。元禄十四年（一七〇一）正月に疱瘡を患い、宝永元年（一七〇四）四月十二日、死去。享年二十八であった。綱吉は娘を溺愛するあまり鶴字法度を発布した。

元禄元年（一六八八）二月朔日の『徳川実記』で「けふ市井にて。鶴屋といふ家名を停禁せしめられ。はた其の他の雑具にも。鶴の紋ほどこすべからずと令せらる」と述べられているように、幕府は鶴姫の諱を避けて鶴字使用を禁じた。鶴屋の屋号の使用禁止、鶴丸の紋付衣類の着用などを禁止したのである。いわゆる、「鶴字法度」である。「鶴法度」ともいう。

木村（平成一〇）は、鶴法度という語を用いている。井原西鶴も鶴字法度を受け、筆名を一時期「西鵬」に変えて使用していた。『新可笑記』序文の署名は西鵬である。

町名も変更を余儀なくされた。今尾（平成二〇）では、京都旧市内にある「亀屋町」について言及している。寛文十二年（一六七二）の『洛中洛外大図』には「鶴屋町」と記されていたものが、鶴字法度で町名を改名した旨の記述である。

なぜ、鶴屋町が亀屋町かということに関しては、鶴の上を行くということで、亀をつけたのであろうと推測される。『嬉遊笑覧（三）』では、鶴字法度について次のように示している。

『鶴姫君様御名を憚り可申御触』に付、「町人之家名、鶴屋と申儀、向後無用可仕候、其他、諸道具等にも鶴の紋付候事可為無用事、元禄三庚午年二月朔日」。此時目印なども皆替て、白粉の看板に鶴を付しを鷺にかへ、井原西鶴は西鵬と改名す。其外さまざま、此姫君は延宝五年四月御誕生なれ共、一位様御養女とならせられ、紀州御簾中に備はらせ給ふ。（以下略）」

鶴字法度を発布するほど綱吉に愛された鶴姫の守殿は麹町邸に造られた。『紀尾井町遺跡調査報告書』は、麹町邸鶴姫守殿は、最小で三千数百坪、最大で五千坪の範囲と推測している。また鶴姫の女中の数（直参のみ）は七十三人で、綱吉養女の松姫付の女中よりも十二人多い。又者女中の数は三百人近くおり、直参女中七十三人が住む鶴姫守殿の長局は、建坪約千三百坪から約千八百坪と判断している。

このように養女松姫よりはるかに贅沢な守殿が鶴姫のために備えられた。また庶民を巻き込んで鶴字法度が行われ、綱吉の鶴姫に対する溺愛ぶりが天下に示されたのである。

五　綱吉の不安と愛娘鶴姫

（一）天変地異

延宝八年（一六八〇）五月八日、四代将軍家綱が死亡し、館林藩主綱吉が五代将軍に就任したが、最初からトラブルが続出した。五月二十日、無許可で帰国し幕閣を批判したため幽閉されていた堀田正信が家綱の訃報に接し痛哭のあまり殉死した。また家綱の葬儀場所をめぐって、上野寛永寺と芝増上寺が対立し、家綱の遺体は五月二十六日寛永寺に埋葬され、家綱の法会は六月二十四日、増上寺で行われという奇妙なスタイルになった。さらに家綱の葬儀の場において、惣奉行同士の刃傷事件が起きた。永年の恨みを持つ内藤忠勝が永井尚長に突然斬りかかったのである。そして八月二十三日、徳川綱吉、第五代将軍宣下。

長崎オランダ商館付きドイツ人医師ケンペルは殿中の構造を「地下室があり、その上部の天井は水を入れた平らな広い水盤からできていて、将軍は雷が鳴る時には安全のためにその地下室へゆく。なぜなら、その場合には稲光が水の中で消されるかもしれないからだという。なおここには火災や盗難に対して将軍の財宝を入れて安全に保管する二つの蔵があり、その屋根は重い銅で、扉は頑丈な鉄で造られている」と述べている（ケンペル（二〇〇一）。

江戸城の構造は、耐火構造の一種であったかもしれないが、避雷針の機能があったとは考えにくい。このように天災を非常に恐れた綱吉は将軍就任早々から大風雨・地震というふうに次々に災害に祟られている。まず大風雨の史料を見てみよう。

『武江年表』の延宝八年（一六八〇）閏八月六日の項には次のように記されている。

「閏八月六日、大風雨。深川・本所・浜町・霊巌島・鉄砲洲・八丁堀、海水漲り上て家を損じ、人溺る。両国橋損じ、往来止る。谷中法恩寺本堂、梁折れて半傾く。東海道筋、折々浩波あふれて民家を溺らす」

『徳川実記』では、延宝八年八月二十三日は次のように記される。

「二十三日将軍宣下の大礼行はる。公卿はじめみなまうのぼる。（以下略）」

また延宝八年閏八月六日の項は次である。

「昨夜大風雨やまず。晝より黄蝶かずしらずむらがり飛で。夜におよんで散せず。また南風はげしく。城中諸門の瓦をおとし壁を落す。まして武家。商屋傾覆すること数しらず。地震ひ海鳴りこと甚し。芝浦のあたりより高潮をしあげ。深川永代。両国辺水涯の邸宅。民屋悉破損し。溺死のもの多し。よて家門の輩使もて御けしきうかがふ」

綱吉は当初より天が味方していないかのようであった。さらに追い討ちをかけるかのように、天和三年（一六八三）閏五月二十八日、長男徳松が五歳で死亡し、元禄十四年（一七〇一）、鶴姫は疱瘡を患った。元禄十六年（一七〇三）十一月十八日赤坂本殿火事で類焼、鶴姫は麹町へ避難、そのすぐ四日後の十一月二十二日、江戸に大地震が起きた。ただし柳澤吉保の公務日記である『楽只堂年録第四』では、地震があったのは十一月二十三日と記されている。この火事と地震の様子は『武江年表』では次のように示されている。

「十一月十八日、四谷北伊賀町より出火、烈風のため、赤坂・麻布・元札の辻に及び、紀州家・青山邸など類焼す。十一月二十二日、宵より雹強く、夜八時、地鳴る事、雷の如し。（中略）其後、十二月まで震ふ事しばしばなり」

『楽只堂年録』の十一月十八日の項では次のように示される。

「今日、九つ時過に、四谷伊賀町の邊、失火ありて、鶴姫君様の御館焼亡す。吉保、急に参上す、もはや麹町の御館に渡らせたまひしを供奉して、御城へ入れ奉る」

また、十一月二十三日の項は次のようである。

「今暁八つ半時、稀有の大地震によりて、吉保、吉里、急て登城す、大手の堀の水溢れて、橋の上を越すによりて、供の士、背に負て過ぐ、晝の八つ時過に退出す、夜に入りて、地震止されは、四つ時、吉保、登城して宿直す」

柳澤吉保が「稀有の大地震」と記すような大きな地震であったことがわかる。また、『徳川実紀』で、元禄十六年（一七〇三）十一月十八日の火事の記録は次である。

「十八日四谷伊賀町より火おこり。風烈しく。赤坂。麻布より芝札の辻に及ぶ。紀伊の青山の邸炎ににあひしかば。鶴姫君は本城後閣に立ちのかせたまふ。松平美濃守吉保はじめ。諸有司多くかしこにまかり。（以下略）」

さらに『徳川実紀』で元禄十六年十一月二十二日の地震の状況は次のように記されている。

「この夜大地震にて。廓内石垣所々くづれ。櫓多門あまたたおれ。諸大名はじめ士庶の家。数をつくし転倒す。また相模。安房。上総のあたりは海水わきあがり。人家頽崩し。火もえ出て。人畜命を亡ふ者。数ふるにいとまあらず。誠に慶安二年このかたの地震なりとぞ。（以下略）」と慶安二年以来の大地震であったことが示されている。

「慶安二年の地震」とは慶安二年（一六四九年）六月二十日から八月四日にかけて関東各地で大地震が多発し、推定マグニチュード七・〇とされる「武州大地震」のことであろう。これに対して、元禄十六年（一七〇三）十一月二十三日の元禄大地震はマグニチュード七・九から八・二と推定される（両者ともにマグニチュードの推定値は倉地（二〇一六）による）。

このように禍が続き、宝永元年（一七〇四）四月十二日、綱吉が溺愛した鶴姫は二十八で死去する。

（二）暴君を主人公にした戯曲

将軍就任とともに天災が起き、やたら執着心の強い綱吉の人生は、筆者には二つの戯曲の冒頭を連想させる。いずれも暴君が主人公である（マクベス、カリギュラという実在したこの二人が歴史上、実際にどの程度の「暴君」であったかは別として)。

一つは、SHAKESPEAR の MACBETH である。MACBETH の第一幕、第一場は penguin books によれば次のように始まる。

Thunder and lightning. Enter three Witches

FIRST WITCH

When shall we three meet again?

In thunder, lightning, or in rain?　(中略)

FIRST WITCH

Where the place?

SECOND WITCH

Upon the heath　(中略)

ALL

Fair is foul, and foul is fair.

雷鳴がとどろき、稲妻が閃く中に現れる三人の WITCH (魔女) の光景は、天変地異を背景に将軍として登場する綱吉を思わせる。三人の WITCH が揃って口にするのは有名な台詞、Fair is foul, and foul is fair. である。正義は悪で、不正が実は正義だったりする。綺麗に見えることが実は汚く、汚く感じることが実はすばらしかったりする。綱吉が理想と考える生類憐みの令による「仁政」は、実は「苛政」に他ならないことに通ずる。

第四幕、第一場では、雷鳴 とともにApparition（幻影）が登場する。

SECOND APPARITION

The power of man; for none of woman born

Shall harm Macbeth.（中略）

THIRD APPARITION

Macbeth shall never vanquished be, until

Great Birnan Wood to high Dunsinane Hill

Shall come against him.

という謎の言葉をAPPARITIONが吐く。筆者には、この三人のWITCHやAPPARITIONが綱吉を囲む三人の女性と重なって見える。すなわち、綱吉の生母桂昌院、長女鶴姫と長男徳松という二人の子を産んだ側室、於伝（瑞春院）、正室の鷹司信子（浄光院）という三人の女人である。桂昌院の後には隆光がいる。桂昌院は八百屋の娘、於伝は幕府の小遣男（黒鍬之者）の娘で二人とも名門の生まれではない。正室信子は左大臣の鷹司教平の娘である。母は後水尾天皇の第一皇女である梅宮という（冷泉為満の娘という説もある）。信子に子はできなかった。陰険な対立が想像されるこの女人三つ巴の中で綱吉の人格と政策が形成されていったと思われる。APPARITIONの謎の言葉は、MACBETHに最初は自信を与えるが次には不安を与えることになる。綱吉も過度な自信・妄信と不安が交錯する中を生きてきたといえる。さらに、その不安をなす大きな要因は鶴姫の存在である。正確には長男徳松が五歳で死んだあとの鶴姫である。

当然ながら女人の鶴姫は将軍にはなれない。鶴姫の夫である三代紀州藩主徳川綱教（八代将軍徳川吉宗の兄）を次期将軍にするか、あるいは（鶴姫が子を産めば）鶴姫の子を将軍にする、綱吉はその野望をもっていたであろう。綱吉の不安は妄信・偏愛という形で隆光・柳澤吉保などに注がれ、天下の悪法となって世に迸り出たのである。ちなみに柳澤吉保を『三王外記』では大野心家として描き綱吉を暗君に仕立てあげている（これらを事実無根とする研究も多い）。

今、一つ筆者が連想する戯曲は、CAMUSのCALIGULAである。この戯曲の中で、第一幕、第三場でカリギュラは登場する。渡辺守章訳によれば、「カリギュラが、左手より、こっそりと登場。錯乱の態で、汚れたいでたち、髪の毛はびっしょり雨に濡れ、足は泥だらけである」

第一幕、第四場でのカリギュラとエリコンの会話を渡辺守章訳から部分引用してみよう。

カリギュラ　なかなか見つからなかった。
エリコン　何がです？
カリギュラ　ほしいと思っていたものがな。
エリコン　何がほしかったのですな、いったい？
カリギュラ　（相変わらず自然な口調で）月だ。
エリコン　はあ？
カリギュラ　そうさ、月が欲しかったのさ。
エリコン　ははあ。（沈黙。エリコン、近寄る）どうなさるおつもりで？
カリギュラ　つまりだ……あれはおれの持っていないものだからな。（中略）
カリギュラ　この世界は、今あるがままの姿では、我慢のならぬものだ。だから俺には月が必要だった。幸福といってもよい、いや不死身の命か、それはおそらく気違いじみた物に違いないが、とにかくこの世のものではない何物かなのだ。
エリコン　理屈としては筋が通っていますな。ただ、普通、人はその理屈をとことんまで押し通すことはできないものです。

月を欲しがるカリギュラは、理想の政治に執着し、現実には「理屈をとことんまで押し通し」、悪政を行っている（としか言いようがない）綱吉に通ずるものがある。

人の世は、「天の下」であり「天道」に則って行われなければならないという考え方がある。さすれば、豊穣など「天道の恵み」がある。しかし、その道から外れれば「天譴」が下ると考えた。それが天災である。ゆえに、君主は天災を怖れた。が、綱吉の天変地異に対する不安は天譴だけではないように思われる。もともと過敏小心であるところへ、綱吉のもつコンプレックスが天災に対する恐怖と入り混じり、増幅されたものと思われる。

（三）綱吉の性格特徴

綱吉の性格について王丸（昭和四五）は「明らかに正常性格よりも逸脱したものがあり、病的性格者というべきである」「将軍綱吉も初老期以後はパラノイアなる精神病に罹患したもので、その予後は定型例にみるような頑固な経過を辿っている」として九点の特徴を挙げている。
①自尊心が強くワンマンで将軍権力を極度に発揮。②異常な熱中性。学問、能楽、生類憐みの令。③狂信的、加持祈祷を妄信。④好むところに偏す。学問、能楽。⑤賞罰厳正。⑥過敏小心。⑦濫施。⑧男色、サディズムの傾向。⑨マザー・コンプレックス。
篠田（二〇〇五）は、「綱吉には物事に執着する性癖があり、とりわけ儒学や能への熱中ぶりがそれをあらわした」としている。『隆光僧正日記』では、綱吉は幕臣たちに儒学の講義を

二百回余行っていることが示される。篠田は、このような綱吉の執着の要因として二つのコンプレックスをあげている。一つは生母、桂昌院に対するマザー・コンプレックスである。母に対する相反する愛憎は、桂昌院の出自が京の八百屋という低い身分とも関連していよう。

二つ目は、内分泌異常の低身長症をあげ、綱吉の身長が百二十四センチメートルであったことをあげている。これは三河の大樹寺にある将軍の位牌の大きさが実際の将軍の身長と連動しているという考え方に基づく。ちなみに家康の身長は百五十九センチとされる。

徳富（昭和五七）は綱吉の人物像を「我儘勝手の大驕児」であるとして「不世生ではあるが、名君であったか、否かは疑問だ。彼は悪人でもなく、また自ら好んで悪政を施さんとしたる、悪君でもなかった。しかも彼は実に善き心掛けもて、悪しき政治を行うた。彼は常識円満の君主でなくして、我儘勝手の大驕児であった。而して詮じ来たれば、彼は狂人というあたわざるも、半狂人であった」と述べている。

児玉（二〇〇五）は綱吉の人物象を「偏執者といってもよかった」として「綱吉は、気まぐれではあったが飽きやすいというのではなかった。学問に対する態度でも、通常では考えられないほど熱心であり継続した。いったん思いこむと変更できないのであった。偏執者といってもよかった」と述べている。

塚本（平成一〇）は「日本社会の文明化を推進した理想主義者ではあるが小心の専制君主」としている。福田（二〇一〇）は「民のための仁政を政治理念としてきた五代将軍徳川綱吉であった。しかしながら、その姿は孤立した専制君主を思わせる」としている。

ただ、大石（一九七五）は「綱吉の偏執的な性情を前提にしても、堀田正俊のようにこれを諫止しなかったその周辺の人々、とくに側近第一号としての柳澤吉保の責任は大きいといえよう」と述べているように、側近がブレーキをかけていれば、綱吉の偏執的な性格は抑制できたとも考えられる。綱吉を偏執者として否定的に扱うのではなく、桑田（昭和五〇）は「生類憐みの令は、史上稀有な悪政と言われているが、将軍綱吉の異状な性格むきだしの独裁政治のために、それが徹底しすぎたせいであって、生類を憐れむことの実施は、動物愛・人間愛とも関連が深く、奇政ではあるが、悪政とはいえない」と肯定的に述べ「古今の悪政などと酷評したのは、新井白石の文筆的工作ではなかったかと思う」としている。

六　むすびに

綱吉のコンプレックスは、生母桂昌院の出自、ひいては、自身の出自、於伝の出自など①出自に関するもの、②低身長であること、③世継ぎができないことの三点あると考えられる。

③の世継ぎができないことは、綱吉にとって大きな不安となったであろう。とくに長男徳松が五歳で夭折してからは、あとに残されたのは鶴姫だけである。鶴姫こそが不安の要因であったと言っても過言ではなかろう。すなわち、鶴姫が男児を産むことができるか、鶴姫の夫である徳川綱教を将軍にすることができるか、という問題である。

これらコンプレックスが綱吉の不安を生み、不安は彼の執着心の強さとあいまって異常な政策や行動を生みだしたと思われる。綱吉は鶴姫を溺愛し、鶴字法度で鶴の字を規制した。

しかし、鶴姫は疱瘡を患い、火事・地震に遭い、宝永元年（一七〇四）に二十八で死去し、翌宝永二年（一七〇五）には綱教も死亡している。このときの綱吉の悲しみは相当なものであったであろう。さらに宝永四年（一七〇七）には富士山噴火という災いが起きている。宝永六年（一七〇九）綱吉、没。死因は麻疹とされる。

六代将軍家宣は綱吉の葬儀も待たず、生類憐みの令を撤回した。綱吉は在任中、天変地異も多く、生類憐みの令により、暗君のイメージがある。

綱吉が本当に憐れみをもって欲しかった生き物は、自分自身なのかもしれない。

第二章　元禄の文化イノベーション――芭蕉と西鶴――

一　はじめに

経済活動が活発になり所得・消費が増えると文化をもたらす。逆に文化が消費を活発にし、経済効果をもたらすとも考えられる。芸術・文化は本来人々の娯楽であった。しかし、いつしか社会・経済システムの一環としてとりこまれていくようになった。

我が国におけるその転換点の時期は元禄時代ではないかと考えられる。貨幣経済と商品流通の展開によって経済発展が著しかった元禄時代はまた、芸能・文筆・学者の活動が職業として結びつき、職業文化人が登場した時代でもある。

都市生活の消費は元禄の好景気に煽られて高まり、文化生活も向上することになる。消費の需要が高まれば供給も増える。江戸をはじめとする大都市（消費地）と生産地を結ぶ輸送ルートが開発されてゆく。陸では五街道、海では西廻り、東廻り海運が整備された。これらに乗って三都の文化が広まっていった。

商品の流通にともなう商人の動きだけではない。参勤交代、西国三十三カ所巡礼、伊勢参りなどの人の動きも文化を広めた。都市から地方へ、地方相互に。俳諧という文化もしかり。量が増えれば、質の競争も起きる。芭蕉の登場は必然。登場すべく登場したといえよう。

本章ではこの松尾芭蕉に焦点をあて、元禄時代に文化がどのように経済活動に結びついたか考察する。本章の構成は以下のとおりである。二節では文化と経済を結びつけて考察することの限界について述べる。三節では松尾芭蕉の働き方について考察し、四節は経済活動の観点から芭蕉と同時代の作家西鶴の共通点をさぐる。五節はむすびにあてられる。

二　芸術・文化と経済を結びつけることの限界

法律と経済の学際的研究は多いに意義があるように思われる。例えば貧困問題である。経済学（財政学）では所得の再分配や社会保障費などについて議論される。具体的な生活保護費の支給などという場合には法律も必要になる。

社会科学は人類が作った制度・システムを研究対象とするだけに社会科学相互の乗り入れは効果的に思われる。しかし、芸術文化と経済を結びつけて学際的に考察する際には限界があるように思われる。その一つの理由は、我々の中にある次のような潜在意識である。

すなわち、芸術文化は高邁で崇高な人間だけが行う活動であり、経済活動は人が糧を得るために行う活動である。食べるために行う活動は人間でなくても動物でも行う。また効率的な生産活動を行うために「組織」を作ったり「機械」を使用したりするのは人類の特権というわけではない。獅子は集団で獲物を倒す。蟻や蜂の組織的行動の例は持ちだすまでもない。道具を使うのも同様。猿は棒を手に持ち、鴉は枝を口に咥え、道具として使用することを学習する。だが、獅子や鴉が絵を描いた、彫刻をしたという話は寡聞にして知らない。

芸術文化活動は「聖」であり、経済活動は「俗」であり、両者には関連がないと信じたい気持ちが我々の心の奥底に少なからずある。

七十五歳の葛飾北斎は『富嶽百景』の版校を機に最後の改号を行い、「画狂老人卍」とした。『富嶽百景』初版巻末の跋文では、七十歳までに描いた作品は取るに足らないとし、七十三歳になってようやく鳥や獣、虫、魚などの骨格や草木がどうして生えてくるかなど分かったのであるから、八十六になればもっとわかるようになり、九十になれば奥義を極め、百になればそれらを超越した世界を知ることができるであろうと述べ、高齢になっても画業に対する情熱が盛んであることを示している。

北斎はそれなりの収入があったにもかかわらず、金銭のこだわりがないため常に貧乏であったとされる。金銭に無頓着な画狂、これこそ我々の多くが芸術家に求める姿——ヨーロッパ文明を否定しタヒチに渡った画家ゴーギャンの如く、『月と六ペンス』のストリックランドの如く、家庭も収入も名声も顧みず創造者として神になることをめざす――なのである。

我々は芸術文化人を芸術の求道者にしたいようである。我々は、芸術家がお金のためではなく、純粋に芸術のために活動をしていることを暗黙のうちに期待している。

パール・バックは『大地』を書いたころを振り返って、「ひどくたくさんのお金が必要だった」と語ったとされる（荒正人による『大地』の「解説」）。パール・バックの長女は障がいをもっていたからである。しかしながらノーベル賞作家のノーベル賞受賞作の執筆動機が「ひどくたくさんのお金」であったとしても作品の質が下がるわけではない。

一方、モームについて小島信夫は『人間の絆』の「解説」で次のように述べている。

「この金というのを、モームはほかの作家より欲しがった。金がなければ人間というのはのびないと思った。モーム自身が金で苦労したり、芸術家志望者の中に金がないために挫折していくものがいるのをつぶさに見たからでもあろうが、それよりはむしろ、うまいものを飲んだり食ったり、女遊びしたり、外国へ行って珍しいものを見たり、といった欲望が強かったらしい。（中略）こういう心がけで小説など書けるか、という考え方が私達の中にあるかもしれないが、モームという人は、そういう考えの人がいるのを承知の上で、こうした俗なことをあえていうのである」

パール・バックとモームという二人の大作家は金銭を前面に出したようだが、パール・バックは障がいのある子を持つ母親として、モームは偽悪ぶる大作家として、その発言の意味を解説されている。芸術文化人を我々は金の亡者、俗物にしたくないようだ。

第二に学際的研究という言葉は存在するものの、必ずしも学問に越境が歓迎されているわけでもない。芸術文化の研究者は芸術作品そのものを鑑賞し研究対象としたいであろう。芸術家とはあくまでも芸術文化活動にいそしんでいる瞬間の作者であり、経済活動を意識した労働者ではない。著名な芸術文化人はカリスマ性がある。我々の多くは芸術家が高所得を得るために芸術文化活動を行っていたとは考えたくないであろう。

これらの理由で「芸術文化」と「経済」とは考察の対象として結びつきにくいことになる。

三　起業家芭蕉の働き方

松尾芭蕉の生涯を生業の観点から概観してみよう。俳諧研究者にとって松尾芭蕉は俳聖であり、生業とか所得などという俗なことはおそらく度外視したい事柄かもしれないが、本節では起業家ともいえる芭蕉の仕事ぶりをみてみる。

　芭蕉は正保元年（一六四四）伊賀国上野に松尾与左衛門の次男として生まれる。伊賀上野生まれの芭蕉は次男であったため新七郎家へ武家奉公に出た。藤堂藩伊賀付きの名家新七郎家の禄高は五千石。芭蕉は御台所御用人であったとされる。寛文十二年（一六七二）二十九歳の春、江戸へ下向。延宝五年（一六七七）三十四の春、万句興行を行い、宗匠として立机。

　延宝五年から足掛け四年間、神田上水で一連の回収工事が行われたが、この工事に芭蕉が関与したとされている。田中（二〇〇八）では、神田上水浚渫作業の業務を請負う仕事を最初に行った人として「人並み以上の処世の才に恵まれていたといわざるをえない」と記して、芭蕉の実業家の性質に言及している。

　延宝八年（一六八〇）三十七の冬、深川の草庵（芭蕉庵）へ移住。この年は五代将軍綱吉の将軍宣下が行われた年でもある。貞享元年（一六八四）八月、門人千里を伴い『野ざらし紀行』の旅に出立した。芭蕉は四十一歳である。元禄二年（一六八九）三月二十七日、曾良を伴い『おくの細道』の旅に出立。芭蕉四十六歳。元禄七年（一六九四）十月十二日、申の刻に没。享年五十一。

　定住の場所を持たない浮雲無住の境涯が芭蕉の理想であったろう。四十一歳から五十一歳で没するまで芭蕉は晩年の半分を旅に過ごしている。まさに俳諧の聖といわれるゆえんである。

しかし芭蕉が江戸へ下ったのは二十九歳。人生五十年と言われたこの時代ではすでに人生の再出発の時期としてはかなり遅い。旅の詩人になるのは四十一歳からである。それまでの人生は、「処世の才に恵まれていた」といえるかもしれない。

井本（二〇一五）では「三十七歳の冬に、芭蕉は俳諧宗匠を止め、繁華街の日本橋小田原町の住居を引き払い、隅田川の川向うの深川に隠棲して、俳諧隠者となります。（中略）世間通俗の俳諧宗匠の生活を続けようとすれば、一応小市民的幸福はつかめるのです。それをわざわざ宗匠生活を捨てて、きびしい人生行路を選ぼうと決意したわけです」と述べている。

芭蕉は俳聖、詩聖である。俳聖の求道的な、ストイックな生き方を示すエピソードとして有効である。我々が一般に芸術家に対して期待するものと合致する。

芭蕉は、深川芭蕉庵に引っ越したのち、四十一で『野ざらし紀行』、四十四で『鹿島紀行』、四十六のときは『おくの細道』の旅にでかける。

井本（二〇一五）では「職業として、生活のために俳句を作り、門人を持つ俳諧師は当時たくさんいました。これに対して芭蕉は、生活のために俳句を作ることをやめ、俳句を作るために生活を整えようとしました」と述べ、これを「生活の芸術化」、「日常生活の俳諧化」という言葉で表現している。まさに俳聖に相応しい生き方である。

だが、井本は「そうなると世間はかえって他の俳諧宗匠より芭蕉のような俳諧隠者の方を別格の一段上の芸術家として尊敬するようになり、名声が上がり、質のいい門人がふえ、生活が安定してきました」と暮らし向きについても言及している。

これは西行などを真似た芭蕉の戦略ではないだろうか。『おくのほそ道』には様々な箇所で文学上の虚構がみられる。文学作品である以上、当然の創作活動ともいえるが。『曾良旅日記』と照らし合わせると日付に相違があったり前後していたりする。両作品を分析するならば、市振で芭蕉が出会う遊女は架空とも考えられる。また芭蕉は、石の巻湊では宿を探して難渋したように描写されているが曾良の記述とは矛盾する部分があり虚構が含まれていると推測される。これは「風雅を求める旅」であるとする芭蕉の芸術的演出が含まれており、単なる紀行文ではないからである。

『おくのほそ道』は百四十三日にわたる長旅であるが、金銭にかかわる記述は皆無である。しかし、『曾良旅日記』には一部金銭の記述があるが、「置銭託壱〆弐七十文」と書いて消してあるような部分もある。また『曾良旅日記』にしばしば登場する□や□を組み合わせた記号について、金森（二〇〇〇）は「芭蕉に渡された金銭の可能性もある」と推測している。「短冊百枚　是餓ゑたる日の銭と代なす物か」と書簡で芭蕉は述べているように短冊に自作の句を書きつければ旅籠や路銀の代用にする自信が芭蕉にあったと同書で金森は述べている。芭蕉は、北斎のように金銭に無頓着だったのではなく、むしろ関心は高かったのではないか。だからこそ、けどられないように記録に残すことを嫌悪したのではないだろうか。

芭蕉は「俳諧なども生涯の道の草にしてめんどうなものなり」と門人の惟然に語った。しかし、芭蕉ほど「生涯の道の草」に真剣になった人は滅多にいないに違いないとして芥川龍之介は、これは芭蕉の「ポオズ」ではないかとしている（芥川龍之介「芭蕉雑記」）。

嵐山（二〇〇七）は、芭蕉には「時流にのる天才的直感がある」としている。その証左の一つとして「蛙合わせ」や蛤の句などと生類憐みの令の関係について言及している。

江戸時代に文化支援の公共政策はない。文化人は自分でパトロンを探した。経済的支援者を見つけるのは近世においては芸術そのものの能力と並び重要な才覚であったと思われる。芭蕉は杉風を筆頭に金銭を持つパトロンを大切にしたと推測される。

連句はチームワークである。メンバーに恵まれなければ、よい連句はできない。芭蕉は多くの多様性をもつ優れた弟子に恵まれたからこそ素晴らしし連句を残せたのである。このためには、単に俳諧の能力だけではなく人の上に立つ人望が必要である。芭蕉はチームを統率しリーダーになる能力、経済的支援者を味方につける能力も備えていたと思われる。

芭蕉は新七郎家では料理人の経験もある。神田上水浚渫作業の請負は、初めての試みであり、ビジネスの先見の明があるといえよう。大勢の請負人を動かす能力も有していたと推測される。芭蕉は様々な「才覚」に恵まれ、いわば「起業家」といえる。芥川龍之介や嵐山幸三郎の言葉に倣うならば芭蕉は「山師」なのである。

四　貨幣無視の松尾芭蕉と貨幣謳歌の井原西鶴

表1に示されるように、芭蕉と西鶴はほぼ同じ時代に生きた。芭蕉のほうが西鶴よりも二歳年下である。死亡時期は一年違いだが、二人とも最期の場所は同じ大坂であった。

西の西鶴、東の芭蕉。同時代の一流の文人がお互いに意識しないはずがない。しかも西鶴は浮世草子を書くまでは俳諧の世界にいたわけである。

江戸時代は今日のようにインターネットでたちどころに世界中の文化情報を収集できる時代ではない。とはいうものの、西鶴と芭蕉ほどの文人であれば、お互いをライバルとして意識していたとしても不思議ではない。「才覚」は西鶴が重視した貨幣謳歌の哲学にとって重要な概念であるが、俳聖芭蕉も実はその根底には同じものがあったのではないだろうか。

表1　芭蕉・西鶴比較年表

年号	西暦	芭蕉		西鶴	
		年齢	事項、著書	年齢	事項、著書
寛永19	1642			1	大坂で誕生
正保元	1644	1	伊賀上野で誕生	3	
延宝2	1675	32		34	三人の子を残し妻病没
延宝5	1677	34	万句興行、宗匠立机、神田上水の水役	36	矢数俳諧、千六百句独吟
延宝6	1678	35	「桃青三百韻附両吟二百韻」	37	
延宝8	1680	37	深川芭蕉庵へ入る	39	矢数俳諧、四千句独吟
延宝9	1681	38		40	「西鶴大矢数」
天和2	1682	39		41	「好色一代男」
貞享元	1684	41	「野ざらし紀行」の旅	43	「好色一代男」江戸版
貞享3	1686	43	「蛙合」	45	「好色五人女」、「好色一代女」
貞享4	1687	44	「笈の小文」の旅「鹿島紀行」の旅	46	「男色大鑑」、「武道伝礼記」
元禄元	1688	45	「更科紀行」の旅	47	「日本永代蔵」、「新可笑記」
元禄2	1689	46	「おくのほそ道」の旅	48	「一目玉鉾」、「本朝桜陰比事」
元禄3	1690	47	「幻住庵記」	49	
元禄5	1692	49		51	「世間胸算用」
元禄6	1693	50		52	大坂で没
元禄7	1694	51	大坂で没		

出所:『芭蕉二つの顔』『井原西鶴集1』等から引用

このことは芸術文化が趣味道楽ではなく、生活の糧を得るための生業に変化してゆく過程の一つとして必然的に生じた現象と考えられ、西鶴も芭蕉もリアリストだったのではないか、芭蕉の西行への憧れはポオズだったのではないか、と考えられる。筆者には大福新長者教の教書『日本永代蔵』と風雅の旅『おくのほそ道』は表裏の関係にあるように思われる。

西鶴は銭金の重要性を強く主張する。その裏返しであるが、旅に生き隠棲する俳聖というのは、実は同じこととともいえる。つまり西鶴の貨幣謳歌の哲学と芭蕉の貨幣を無視したように装う風雅の旅はコインの裏表の関係にあり、実は通底しているものがあると考えられる。

二人は、俳諧、浮世草子の世界で名をなす以前に他の職業で才能をみせている。西鶴は大坂の町人で三十四歳のとき二十五の妻に先立たれ、その後は商売を手代にまかせたとされる。児玉（二〇〇五）は、そのときの西鶴な放埒な暮らしぶりを記し「まことに気軽な身の上であった」としている。しかし西鶴は若い妻を亡くし、子供は三人おり、その中の一人の娘は盲目と言われている（ただし盲目の娘が実在したかどうかには諸説ある）。

元禄五年に死んだ光含心照信女は、この盲目の娘という説もあるが、西鶴の後添えという説もある。誓願寺日牌に「三月二十四日西鶴妻光含心照信女没」とあるのが、妻とみなす場合の根拠であろう。このことから鑑みるならば、決して西鶴は「気軽な身の上」ではない。

妻を亡くし、幼い子供（そのうち一人は盲目）を残された西鶴はさぞや沈痛な心境であったろう。その苦境から脱するのに役立ったのが浮世草子『好色一代男』を執筆することであったと思われる。

西鶴は浮世草子を書くことで「憂き世」を「浮き世」に変え、精神的にも飛躍し、経済的にも成功したといえよう。『好色一代男』が元禄のベストセラーとなったことは西鶴の文才――緩急自在、無駄がなく簡潔にして的確な文体――も然る事ながら、印刷技術と書籍出版の発展、庶民の教養レベルの向上、その結果としての読書人口の上昇が要因としてあげられる。

芭蕉も西鶴も二人は世捨て人ではなく、渡世の才覚をもっていたのである。

武田麟太郎は「西鶴町人物雑感」で「西鶴ほど金と人間の関係を究めて徹した作家は確かに世界に類がないのであろう」と述べ、次のような興味深い指摘をしている。

「西鶴は『日本永代蔵』『世間胸算用』『織留』の諸短編集では、金の一色に世界を染めあげつつも、そこに心の動揺のあるのを隠すわけには行かなかった。（中略）仔細に見れば道徳や人間の執着、富と貧の問題、運命のことなどについても矛盾だらけの様子をみせている。もとよりこの矛盾だらけの点が彼の作品を何度読んでも新鮮な興味を感じさせ、どこに彼の本音があったかの容易に掴みきれない点が、人間に拘泥し、拘泥しぬいて結局は彼又迷っているところに、西鶴の大きさがあったのにちがいないのである」

また田山花袋は「詩のない金を描いて、それが真に達するということは容易なことではない。それを西鶴は胸算用、永代蔵でモウパッサンやチエホフが書いたもの以上に、本当の金を書いた」として西鶴を評価している。

芭蕉と西鶴という元禄の二人の文人は本当の詩を書き、本当の金を書いた（芭蕉は金を無視することで金を描いた）といえよう。二人の文化人には通ずるものがあったと思われる。

五　むすびに

本章では元禄時代において、文化と経済がどのように結びついていたかを芭蕉と西鶴を中心にして考察した。二人は俳諧師と浮世草子作家と異なる文筆業であるが、二人の根本には相通ずるものがあるように思える。

西鶴は意図的に銭金を強く前面に出し、芭蕉はその逆に意図的に銭金を奥へ引っ込めた。西行とイメージを重ね合わせる意図的な戦略であったとも考えられる。

西鶴に盲目の娘がいたとすれば、やはり銭金を娘のために残したいと思うのは親心であろう。

パール・バックの心境と同じである。

二人はいずれも強く銭金を意識しながらポーズとして真逆な態度を示したように思える。二人は文化活動を経済活動に結びつけた先駆者といえる。二人が偉大な芸術家であり、偉大な作品を残したことには疑う余地がないが、同時に優れた起業家であったといえよう。

芭蕉の死後、蕉風は人気を失い弟子たちは分裂したが、再び芭蕉崇拝が蘇る。ドナルド・キーン『百代の過客』では次のように記されている。

「芭蕉の五十年忌を画した寛保三年（一七四三）になると、芭蕉の名声復興は、まさに最高潮に達してくる。俳人はこぞって日本の東北へ芭蕉の足跡を求め、芭蕉に記念碑が各所に打ち立てられる。以後彼の名声は、確固不動のものとなったのである」

こうして、かつて芭蕉が西行を模倣したように、後の世になって多くの芭蕉信奉者を芭蕉と同じ陸奥の旅に向かわせたのである。旅の文化という経済効果も芭蕉は生み出した。

第三章　田沼時代の幻想とイノベーション

一　はじめに

通常、田沼時代とは、田沼意次が側用人になった明和四年（一七六七）から、老中を経て、天明六年（一七八六）に老中を罷免されるまでの明和、安永、天明の約二十年間のことをさす。田沼意次は賄賂政治家のイメージが強い。しかし、その先駆的経済政策には評価すべきものがある。田沼時代の自由な空気は幻想さえも経済活動に結びつけたのである。

実利的な財・サービスの有効需要ではなく、幻想や単なる娯楽が、この時代に有効需要をどのように生みだしたのか考察したい。筆者の知る限り、経済学の専門用語に「幻想」という言葉は存在しない。「幻想」とは広辞苑によれば、「現実にないことをあるように感ずる想念。とりとめもない想像」である。また、「幻想的」とは「現実から離れた、夢か幻のようなさま。空想の世界を思わせるさま。ファンタスティック」とのこと、としている。

蒲松齢の著した『聊斎志異』は、神仙、狐、鬼、化け物、不思議な人間に関する幻想譚で、蒲松齢が一生かけて集めた中国の怪異の世界である。日本では太宰治などにより翻案の小説がある。『聊斎志異』の中にある「画壁（がへき）」という壁画の天女の話を紹介しよう。

寺の壁画には散花天女（さんげてんにょ）の図が描かれていた。朱孝廉（しゅこうれん）はその天女に見入っているうちに体が雲に乗ったように浮き上がり、壁の中に入り、天女と懇ろになる。老僧に声をかけられ、またふわふわと壁から朱は下りてきた。朱が壁に入りこむ前、壁画の天女はお下げの乙女であったが、朱が壁から出てきた後、髷を高々と結った女人になっていた。

このとき寺の老僧が朱に向かって言う台詞は立間祥介編訳では「幻はすべて人が作りだすもの。拙僧ごときになにがわかりましょうか」であり、柴田伝馬訳では「幻は人から生ずるんです。老僧に何んで解りましょうぞ」である。

老僧は、幻は人が生みだすものであると述べているのである。幻想は人が生み出すものである。この人が作った幻想は経済活動にどのような影響を与えるのであろうか。

本章の構成は以下のとおりである。第二節では田沼時代がなぜ革新的と言われるか経済や文化について考察する。その後、田沼時代に幻想が、どのように経済活動に結びついたか考察するが、幻想として、中国の伝説にある火鼠の皮衣、石の異称である雲根（うんこん）、百鬼の三例をあげる。火鼠の皮衣については第三節で、雲根については第四節で考察する。第五節では、天明時代に大ブームになった天明狂歌および狂名について述べ、狂歌に登場する百鬼について考察する。

狂歌とは諧謔・滑稽を詠んだ短歌（五・七・五・七・七の五句体の歌）のことで、狂名とは狂歌を詠う際の号のことである。

狂歌は和歌をパロディにしたものも多く鑑賞には古典の知識が必要だ。六節は結語である。

二　田沼意次の革新性と文化イノベーション

まず田沼時代が革新的と言われる理由を八つ示そう。

（一）非農業生産を重視した産業政策

収穫逓減の法則から土地からの生産は頭うちになる。つまり年貢収入には限界があるということだ。そのため非農業生産を重視した重商主義の産業政策を行った。商工業者の株仲間を積極的に公認し、運上（うんじょう）、冥加（みょうが）を徴収した。運上とは営業税・免許税にあたり、冥加とは献金と考えられる。株仲間は販売の独占権を保障される鑑札を得た。

（二）貨幣制度の改革

一定の大きさと重量をもった計数銀貨を鋳造したことである。明和五匁銀（ごもんめぎん）は明和二年（一七六五）鋳造の貨幣であるが、明和五匁銀が貨幣史において画期的な事件であったことを理解するには江戸時代の三貨制度を知る必要がある。江戸時代は金貨・銀貨・銭貨の三つの貨幣があった。金貨は主に江戸で、銀貨は上方で使用され、銭は全国区である。それぞれ交換レートに基づき両替が必要であり、一つの国に円、ドルなど外国通貨が混在しているのと同じで複雑な体系であった。重要なことは金貨・銭貨は計数貨幣だが、銀貨はその都度重さ（単位は匁）を量る秤量貨幣であったということだ。しかし明和五匁銀は重さが五匁であることを明示し、秤量する必要がないとした。さらに明和九年（一七七二）に鋳造された南鐐二朱銀は八枚で一両（＝十六朱）に交換すると銀貨表面に明示した。このように従来は秤量貨幣であった銀貨を秤量不要にし、貨幣価値を決めることができる貨幣を計数銀貨と呼ぶ。

簡単な発想だが、いわゆる「コロンブスの卵」であり、最初に思いつくのが偉大だ。計数銀貨の意図するものは次のように考えられる。

①事実上、銀貨でありながら、金貨の機能を有する貨幣を登場させたことで、金本位制度への移行となる。

②金経済圏（江戸）に銀経済圏（上方）を従属させたい意向が幕府にある。江戸の経済的地位の引き上げ、経済の一元化を図ろうとした。

③改鋳益により財政収支黒字化を図った。元禄時代の金銀の交換レートは一両＝六十匁であったが、南鐐二朱銀八枚に含まれる純銀量は丁銀六十匁の純銀量よりも少なかったため出目と呼ばれる改鋳益を幕府は手に入れた。

④流通貨幣在高が安定的に維持され、物価下落の防止を図る。

(三) 公的金融

貸金会所構想を計画した。大坂の商業・金融資本の巨額な資金を活用し、諸大名への低利融資を目的に設立を計画したものである。幕府自身が関与した金融機関は、近代の公的金融の役割に匹敵する。

(四) 輸出の奨励

新井白石は銀の流出を防ぐために、貿易に対して消極策、貿易高を制限し、正徳五年(一七一五)海舶互市新令で長崎貿易を制限したが、田沼は逆に輸出を奨励し、銀の還流を期待した。そのため銅や俵物(海産物)を増産し、輸出した。

(五) 蝦夷地の開拓

北方への国土拡張政策を行い、工藤平助を松前に派遣し、千島・樺太の調査をさせた。工藤平助は仙台藩医師で『赤蝦夷風説考(あかえぞふうせつこう)』を著した。ロシアとの貿易や蝦夷地開拓の必要性を説いた開国論である。天明六年(一七八六)最上徳内らの蝦夷地派遣を行った。

(六) 鉱山開発の奨励

平賀源内は、長崎遊学で鉱山採掘・精錬を学んだ。田沼意次は平賀源内のパトロンとされている。金山の採掘、銀山、銅山の視察・指導を行った。銀貨鋳造用の銀、輸出用の銅の確保、銭貨（鉄銭）鋳造用の鉄の増産など政策的に必要性があったからである。

（七）殖産興業、外国製品の国産化

田村藍水は朝鮮人参の権威で「人参博士」と言われた。高価な朝鮮人参を国産化するために、田沼意次は田村藍水を幕臣に登用し、田村藍水を責任者として、人参製法所を設立させた。朝鮮人参は万病に効くとされたが朝鮮からの輸入が減少し価格が上昇したため国産化を幕府が進めた。田村藍水は、更紗（さらさ）や闍婆菜（じゃがたらな）などオランダの医療用の植物・薬草・野菜などの国産化にも取り組んだ。

（八）学問・芸術の自由な発展を奨励

田沼意次は自身の子孫への遺訓には、学問と武芸に心掛けさせることを述べた上で「かつまた武芸心がけ候うえ、余力をもって遊芸いたし候義は勝手次第、差し止めるには及ばず候こと、ただし不埒なる遊芸はいたさせまじきこと」としており、芸術に理解がある。

田沼が、学問・芸術の自由な発展を奨励したことにより、多様な文化を産み、西洋医学も育成した。蘭学は医学、天文学、地理学などの分野で発展した。安永三年（一七七四）前野良沢、杉田玄白により『解体新書』が版行された。天明六年（一七八六）蘭学塾芝蘭堂の前身である塾を大槻玄沢が江戸に開いた。

本草学は植物から薬物を見い出し、博物学は新たな産業を生み出す技術開発へとつながった。地理学・経世論・海防論は、ロシアの蝦夷地接近を機に関心が高まった。滑稽さや遊戯性を特徴とする戯作文学が生まれ、洒落本、黄表紙、読本、小噺本、川柳、狂歌、滑稽絵本などが広まった。

田沼はすべてに積極的で外向的な政策を打ち出し、自由な空気をもたらした。開放感は江戸のレオナルド・ド・ダビンチといえる平賀源内のような多面的な創造力を発揮する奇人を生み出した。ちなみに江戸時代の「奇人」とは肯定的な意味で使用される。奇人は人々が幻想と思うものを夢・幻で終わらせなかった。次に幻想が経済活動に結びついた例をみてみよう。

三　火鼠の幻想―天才平賀源内―

幻想の最初は火鼠である。火鼠は中国の幻想上の生き物だ。日本の『竹取物語』でも紹介されている。西洋にもよく似た幻想の生き物がいる。サラマンダーである。こちらは、火の鼠ではなく、火の中にすむという蜥蜴である。

『竹取物語』では、かぐや姫が求婚してくる貴公子達に無理難題を押し付ける。もちろん、結婚したくないからであり、すべて実現不可能なものばかりである。

世の男たちは、美しいかぐや姫を妻にしたいと思う。中でも五人の貴公子は特に熱心であった。かぐや姫は難題をもちかけ、結婚を諦めさせようとする。

石作の皇子には、仏の御石の鉢を要求。くらもちの皇子には、東の海の蓬莱という山にある、銀を根とし、金を茎として白玉を実として立っている木の一枝を要求。大伴の大納言には、龍の首に五色に光る玉を、石上の中納言には、燕の持っている子安貝を、そして阿部の右大臣には、唐土にある火鼠の皮衣を要求した。

五人の求婚者に対するかぐや姫からの難題を聞いて、竹取の翁は「どれも難しい。この日本にないものばかりだ」と言う。火鼠の皮衣とは何か、澁澤（昭和六三）の「火鼠とサラマンドラ」をもとに要約すると次のようになろう。

中国のはるか西方にある崑崙山と呼ばれる霊山がある。崑崙山を取り囲む山々からは焔が噴きだしていた。その山頂には永久に燃え続ける樹木が生えていた。この火の中に牛よりも大きな火鼠が住んでいた。その重さ千斤（六百キログラム）。火鼠の体表の毛は二尺（六十センチ）で、蚕の糸のように細い。火鼠は火の中では全身真っ赤であるが、火から出ると真っ白になる。

この火鼠を捕まえ、長毛を刈り取り作った着物が火鼠の皮衣である。火鼠の皮衣は、水で洗う必要はない。火の中に投じれば、また新しくなる。つまり火で浣うのである。

この火鼠の長毛を切って、織って布として着物を作る。この火に強い着物が火鼠の皮衣である。かぐや姫は、この着物が欲しいと阿部の右大臣に言った。

さて、このかなわぬと思われた幻想は実現できたのか。田沼時代に平賀源内によって燃えない布、火浣布（石綿）として実現した。宝暦十四年（一七六四）のことである。

田沼時代には第二節で述べたように、時代の要請のもと鉱山開発が行われ、平賀源内は、本草学者、物産学者で鉱山開発にも尽力した。戯作では風来山人の号を、浄瑠璃では福内鬼外の号を用いた。西洋画家でもある。エレキテルの制作は安永五年（一七七六）である。

田沼時代には、貨幣が不足し、鉱山開発が必要であった。そのような時代背景のもと平賀源内が鉱山を開発し活躍した。その過程で源内は石綿を発明したのである。

平賀源内は山師と呼ばれた。山師が輩出される時代でなければ、かぐや姫が求婚をしりぞける口実のための幻想にすぎなかった火鼠の皮衣は製造されなかったであろう。

四　雲根の幻想──奇才木内石亭──

「雲根」を広辞苑で調べると、次の3つの意味がある。①石の異称（雲は山気が石にふれて生じるとの説に基づく）、②雲、③山の異称（雲は山中に生じるとの説に基づく）。本章では石の異称として用いる。

ところで中国怪異小説の傑作『聊斎志異』（蒲松齢著：一六四〇生、一七一五没）に『石清虚』という石好きの男の話がある。立間祥介編訳の『石清虚』は次のように始まる。

「邢雲飛は順天府（北京）の人である。石を好んで、良い石を見ると、金を惜しまずに買い入れた。ある時、川で漁をしていて、何かが網に掛かったので、流れの底に潜って拾い上げてみると、差しわたし一尺あまりの石で、深い襞が刻まれて峨々たる山容をあらわしていた。これは稀代の宝物だと驚喜し、家に持って帰った。紫檀で台座を刻んで机に飾っておいたが、雨が降りそうになると、いくつもの穴から真っ白な綿のような雲がもくもくと湧きだした」

このあと「雲の湧く石」をめぐって様々な事件が起き、ある夜、主人公の夢枕に石清虚と名乗るりっぱな男が現れる、というふうに話が続いてゆく。日本にも中国の邢雲飛のように奇石収集を生きがいにする男がいた。男の名前を木内石亭（一七二四─一八〇八）という。

木内石亭は本草学者・物産学者として知られる。今日的な表現では博物学者、考古学者と言えよう。木内が『聊斎志異』を読んでいたかどうかは定かでない。木内は子供の頃から奇石を集めるのが好きで、それがこうじて石に関する研究書『雲根志』をまとめた。岩石・鉱物・化石・石器など約二千品の奇石を図入りで解説し精緻に分類分析したものである。

『雲根志』前編が版行されたのは安永二年（一七七三）、木内が五十歳のときである。後編が上梓されたのは、安永八年（一七七九）で、木内は五十六歳である。ちなみに、この年、平賀源内は五十一歳で獄死している。

『雲根志』における石の分類は、必ずしも今日のような科学的なものではない。見た目が奇なることでも分類しているからだ。当時、全国の動物・植物・鉱物が集められる「物産会」が開催されたが、木内はここに出品した。物産会は田村藍水や平賀源内が主宰していた。木内は宝暦元年（一七五一）、大坂で物産学者津島恒之進に学ぶ。このときの同門に木村兼葭堂がいる。蔵書家の木村兼葭堂は文人として大田南畝との交遊関係もある。

津島恒之進が死んだため、木内は宝暦六年（一七五六）、江戸で物産学者・本草学者の田村藍水の門に入る。田村の門人には平賀源内がいた。

物産学者は物産会をしばしば開催した。木内は物産会に奇石を出品していたが、やがて、奇石愛好家・奇石収集家は物産会から独立して奇石会をつくった。木内は広く国内を旅行し、全国のほぼ半分を歩き、奇石を収集したり交換したりした。

東海道の有名な山川、神社仏閣、旧跡を紹介する『東海道名所図会』に、石山寺、琵琶湖、建部(たけべの)神社等とあわせて「石津寺(せきしんじ)」の次の項に、「石亭」の説明が左記のようにされている。

「此の人、生得若年より和漢の名石を好んで、年歳諸国より集め、これを玩ぶこと数十年に及べり。(中略)石は神代の勾玉をはじめ、我が国諸州の産、人の国の産、奇石・化石・天狗の爪・水入りの紫水晶まで、あるは台に飾り、または小箱に入れて、錦を敷いて塗籠(ぬりごめ)に家蔵すること、すべて二千余石ありとぞ」(『東海道名所図会』より引用)

木内石亭という人物、自宅が東海道の名所だったのである。横江孚彦訳『口語訳雲根志』の「雲根志　自叙」から、木内石亭が少年時代から奇石が好きであったことを述べている箇所を引用する。なお傍線は筆者が付したものである。

「変わることなき悠久の流れ、その連綿と続く和らぎの大地に身を委ねてきた私達の中には、ある者は腹鼓を打って、大らかに生き、又ある者は平穏な世を祝し、歌を嗜み、豊かな心を目指して精進する人ありと、その好むところは各人各様、生き様もまた万人、各々異なるものです。斯く言う私も幼い頃から、あらゆる石に興味を抱き、今となっては病みつきと申しても過言ではありません。石に触れ、集めれば集める程、想像だに出来ない珍しい石に出くわす事もあるのです」

『雲根志』は、安永元年（一七七二）に初編稿成り、翌安永二年に前編が版行された。安永元年は田沼意次が老中になった年でもある。ちなみに田沼意次が側用人になったのは明和四年（一七六七）、老中格になったのは明和六年（一七六九）である。

傍線の言葉を参考に、田沼時代の空気を推測するならば、天下泰平の平穏な世に、人々は大らかに生き、各人各様のライフスタイルを楽しんでいたといえよう。

木内石亭の場合は奇石の収集であった。

実利目的とは別にただ単に見た目の奇異な奇石を所有したいという幻想は田沼時代に木内石亭により実現し、奇石会も物産会と同様に開催されるに至ったのである。

五　百鬼の幻想―異才大田南畝―

百鬼は天明狂歌から生まれた幻想である。まず天明時代に大ブームを起こした天明狂歌とは何であったか考えたい。

（一）天明狂歌

天明三年（一七八三）に版行された『万載狂歌集』により狂歌は爆発的に流行することになる。これは『千載和歌集』の部立をなぞって構成されたいわゆるパロディである。同年版行された作者別に狂歌を並べた唐衣橘洲（からごろもきっしゅう）編『狂歌若葉集』よりも工夫されたものであった。

「おほよそ狂歌は時の興によりてよむなるを、ことがましくつどひをなしてよむしれものこそをこなれ。我もいざしれものゝなかま入せん」とは唐衣橘洲『弄花集』序の言葉である。

すなわち天明狂歌は、①時の興で詠み、②集って行う、③痴れ者が行う、という三つの特徴があることが示されている。①は従来の狂歌と同じだ。天明以前は個々人が、その時々の感興で詠んできたが、天明狂歌は狂歌会という歌会で詠むという形式が異なる。その狂歌会に集まる者を橘洲は痴（し）れ者と呼んだのである。詠み捨てであったはずの狂歌は、さらに狂歌師の四方（よも）赤良（あから）（大田南畝）と版元の蔦屋重三郎によって版行という新たな形式を生みだした。それが天明三年の『万載狂歌集』であり、天明狂歌の始まりである。

天明狂歌全盛を支えたのは四方赤良という人格円満かつ文才にめぐまれた作家がいただけでなく、版元蔦屋重三郎がいたことも起因する。狂歌はもともと狂歌会で詠う、その場限りの文芸であった。それを版行したのであるが、歌集のみならず、狂歌を浮世絵と合成し、絵入りの狂歌絵本にして版行するというアイディアは蔦屋によるものだ。このような文化経済を支えたのは自由な学問芸術を奨励した田沼意次の経済政策に他ならない。

(二) 天明狂歌の狂名

天明の狂歌師はふざけた滑稽な号をつけた。これを狂名という。四方赤良によれば、狂名の始まりは、酒上熟寝（さけのうえのじゅくね）と言われる（『狂歌才蔵集』）。狂歌会に痴れ者が集まり、滑稽でふざけた狂名で相互を呼び合い、戯画化したのである。

天明狂歌の指導的立場にあったのは四方赤良など武士階級であったが、赤良が下級武士であったように身分にこだわりはなかった（四方赤良こと大田南畝、武士としての名は大田直次郎。直次郎の働き方については第四章で考察する）。狂歌会の参加者は、町人はもとより吉原関係者など様々な階級であった。ゆえに天明狂歌ブームは社会経済的な意義があった。

痴れ者が集まり、時の興で狂歌を詠み、それを書物にするというのは、まさに田沼時代が生んだ単なる娯楽を超越した幻想であろう。その幻想が有効需要を生みだし、経済を活性化させたのである。

(三) 百鬼夜狂（ひゃっきやきょう）

高馬三良訳『山海経（せんがいきょう）』の表紙に示されるサブタイトルは「中国古代の神話世界」であり、

「想像上の世界を縦横に走る山脈、そこに息づく奇怪な姿の怪力乱神たち、原始山岳信仰に端を発し、無名のひとびとによって語り継がれてきた、中国古代人の壮大な世界観が甦る」というキャッチコピーが記されている。中国古代の神話世界であるが、奇怪な世界は中国だけでなく、日本にも伝わった。浮世絵師の鳥山石燕（とりやませきえん）による絵本『画図百鬼夜行（がずひゃっきやぎょう）』は安永五年（一七七六）に版行され、妖怪絵はブームとなった。

　鳥山石燕は『山海経』を参考にして、『画図百鬼夜行』の絵を描いたという。また漫画家水木しげるは『画図百鬼夜行』に出会って妖怪を描くようになったという。水木しげるは高馬三良訳『山海経』の「解説」で『山海経』を「神話と歴史と地理と風土記と妖怪絵巻をいっしょくたにしたような辞書」としている。

　妖怪・化物・幽霊といった幻想は有効需要を生みだすのであろうか。ところで、幽霊と妖怪の相違点は、幽霊は生前の姿で特定の人に対してのみ出没するところが妖怪と違うという説もある。しかし妖怪・化物・幽霊に明確な差異の定義があるわけではない。

　狂歌はもともと時の興によって詠むものであったが、次第に狂歌会という集いで詠むようになった。天明狂歌は大流行となり、その中心人物は四方赤良である。

　狂歌会は文化交流の場所となり、階級に関係なく、多くの人を引き付けた。これに目をつけたのが、蔦屋重三郎である。狂歌会で詠み捨てであった狂歌を版行することを思いついた。次に浮世絵と狂歌のコラボレーションを企画し、狂歌絵本として版行したのである。

天明五年（一七八五）、『夷歌百鬼夜狂』の会を蔦屋重三郎は開催し、へづゝ東作の編集により版行した。百首すべて化け物に関して狂歌を詠う。参加者は四方赤良ら十五名。毎晩、狂歌を詠い、朝になると終了する。百話語り終えると怪異現象が起きるとされる百物語に倣った娯楽である。当時、江戸では化け物に人気があったのである。

『画本虫撰』は天明八年（一七八八）に版行された喜多川歌麿の絵による虫をテーマにした狂歌絵本である。

このような、自由な娯楽が可能であったのは、田沼時代という背景があったことであろう。

四方赤良は天明三年（一七八三）に『めでた百首夷歌』を版行しているが、タイトルの通り、大変ご時世がめでたいことを詠っている。

「かゝるめでたき御代なれば、かの唐土の何がしが、何でもかでもよしよしといひし跡をふむとはなくて、よるもひるもめでたいめでたいとといふ事を口癖にして、めでた男と名だゝる人あり」と序で述べており、天下泰平の時代であったことが推察される。

めでたづくしの狂歌を紹介しよう。

名にしおふおひざもとゆへむさし野ゝ草はみながらめでたしとみん

（紫のひともとゆへにむさし野の草はみながらあはれとぞみる『古今和歌集』（詠み人知らず）のパロディ。本歌の「あはれ」が狂歌では「めでたし」に変換されている）

かくばかりめでたくみゆる世の中をうらやましくやのぞく月影

（かくばかりへがたくみゆる世の中にうらやましくもすめる月かな『捨遺和歌集』（藤原高光）が本歌。本歌は人間が空の月を羨ましく見上げているのに対して、狂歌は月が下界の人間を羨ましく覗いている。それくらいこの時代は平和で幸福でめでたい）

びんぼうの神無月こそめでたけれあらし木がらしふくふくとして

世の中の諸行無常をやめにして是生滅法界のめでたさ

竹の子のまた竹の子の竹の子の子の子の子の末もしげるめでたき

おめでたく又おめでたくおめでたくかへすがへすもめでたかりけり

最後の二首は言葉遊びの如くストレートにめでたさを連呼している。

これらの歌から田沼時代は非常に自由な空気が流れていたのであろうと想像できる。

六　むすびに

本章では田沼時代において、幻想と経済がどのように結びついていたかを考察した。幻想として、火鼠、雲根、百鬼を題材にした。中国の伝説の火鼠の皮衣は、平賀源内により火浣布の発明として結実した。雲根は石の異称である。木内石亭は全国を旅して奇石の収集を行い、物産会・奇石会の開催へと発展していった。

百鬼は化け物である。天明時代には狂歌が大流行し、従来、詠み捨ての娯楽であった狂歌はやがて狂歌集として版行されるようになった。化け物という幻想を狂歌に百首詠む娯楽は『夷歌百鬼夜狂』として版行された。

田沼時代は人々が幻想を娯楽にすることができた時代であったと思われる。さらに娯楽を経済に結びつけたのは大田直次郎（大田南畝）や蔦屋重三郎、平賀源内らの存在がある。彼らは、自由な田沼時代であったからこそ生まれた天才であろう。

しかし、田沼時代には以下のように災害が続く。

- 明和九年（一七七二）江戸行人坂の大火
- 安永二年（一七七三）疫病流行
- 天明三年（一七八三）浅間山大噴火、諸国大飢饉。
- 天明三年～八年（一七八三～一七八八）天明の大飢饉。
- 天明四年（一七八四）奥州大飢饉、死者十万人。
- 天明六年（一七八六）江戸大火、江戸開府以来の関東大水害

という具合である。

田沼意次は天明六年（一七八六）に老中を罷免され、各地で百姓一揆がおこり、天明七年（一七八七）には打ちこわしが起きた。天明七年に松平定信が老中に就任した。

松平定信の時代になると寛政の改革が始まり、蔦屋重三郎をはじめ多くの文人が粛清された。幻想が娯楽になり、娯楽を経済に結びつけるような自由な空気は消えていった。

第四章　下級武士大田直次郎（狂歌師大田南畝）の働き方

一　はじめに

近世は米を中心とする農本主義の米遣い経済と貨幣経済が共存した社会である。すなわち、農民は支配階級である武家に年貢を納め、武士は米を給料として得る公務員のような立場にあった。武士は米を札差に売却し換金化していた。町人は才覚さえあればビジネスで儲けだすことのできる貨幣経済の中にいた。二つの経済体制があっただけにマネーサプライの調整や米価、ひいては諸物価の安定をコントロールすることが難しい社会であった。

近世の経済学者熊澤蕃山は『集義和書』の中で、「豊年ありて食足るときは士困窮し、凶年にして食足らざるときは民飢え、上下かわるがわる苦しみて。位づめに乱世となるものは、何ぞや。（中略）士は禄米を金銀銭にかへて諸物をかふ。米粟下直にして諸物高直なるときは用たらず。その上に、事しげく物多きときはますます貧乏困窮す。士困ずれば民にとること倍す。故に豊年には不足し、凶年には飢寒に及べり。士・民困窮する時は、工・商の者の粟にかふべき所を失ふ。ただ大商のみますます富有になれり」と記し、豊作であれば、米価が下がり、武士は米を高い値で換金できないため困窮する、凶作であれば米が不足し、誰もが困るという幕藩体制の経済社会の抱える根源的な問題点を指摘していた。

豊作の年でも凶作の年でも豊かになれない社会が近世だったのである。

本章では下級武士の働き方に着目する。武士の禄は先祖から変わらない。例外的なことが生じない限り加増もされなければ減禄もされない。人事評価の客観性もなく、上司への阿諛追従、賄賂などもはびこった。

遅刻をするモラールの低い武士もおり、また出世意欲もなく、ただ大過なくやり過ごし、惣領に家督を譲るまで与えられた仕事をそつなくこなすという武士もいた。

武士の堕落については『世事見聞録』の中でも嘆かれている。おそらく、X非効率（競争にさらされていない企業に生ずる資源のロス）の高い職場であったであろうと想像される。

本書で用いる「下級武士」とは主に御家人や下級の地方藩士など禄の低い武士、家格の低い武士を総称することにする（幕臣は将軍にお目見えできるか否かで旗本と御家人に分けられる）。

江戸時代の下級武士の労働経済の特徴は次の三点考えられるであろう。

第一は当然ながら武家社会の中で低い地位にあり家格が低いことにある。そのことは俸禄が安いという第二の特徴につながる。第三は、ここが現代と違う点であるが、労働時間が非常に短いということにある。下級武士は微禄でステータスも低かった。しかるに三日に一日勤務するだけで多くの自由時間もあった。

第二、第三の特徴から下級武士は内職に精を出すことになる。天下泰平の世では武芸は重要ではない。優秀な人材を登用するしかるべき公平な試験制度がなければ学問に励んでも無意味ということになる。武芸や学問よりも内職に時間を費やすことになるのが下級武士の労働経済の大きな特徴である。

元和偃武、天下泰平の世で武士は軍人というよりも役人としての性格が強くなった。武士の数に比して仕事量は少なくワーク・シェアリングをしなければ幕藩体制が成立しなかったのである。四民（士農工商）の階層社会ではあったが、下級武士は微禄を支えるために豊富な非番の時間を生かして、内職に励んでいた。家禄を増やすことは簡単にはできない。副業をもつことしか収入を増やす方法はなかったのである。

ＧＤＰ算出のために産業構成を正確に示すならば、実質的には町人（職人や商人）に分類されても不思議ではない下級武士が多く存在したと考えられる。近世は士農工商の分類の上で「工」は非常に少ない。にもかかわらず「農」によって多くの工業生産物が生産されていた。工業化以前の農村工業化（プロト工業化）が重要な役割を果たしたと考えられる。

同様の考え方が文筆業に関しても言えるのではないだろうか。「士」に分類される下級武士が時間をもてあまし、半分は戯れに詠んだ狂歌は当初は詠み捨てであり狂歌会の席上で詠んで終わりであったものが、版元が錦絵とともに狂歌絵本として売り出し、爆発的な狂歌ブームを天明時代に起こした。これはまさに文化を経済にした現象である。「士」の身分でありながら文筆業という産業を（本人が意識したか否かはともかくとして）起こしたことになる。

有効需要を起こし経済を活性化するという考え方がある。ただし有効需要を創出するということを意識せずに行われていた場合も歴史上ありうるであろう。筆者は近世の天明狂歌の大流行がそれに該当する事件と考える。芸術・文化について最初に言及した経済学者はA・スミスと考えられる。スミスは人間存在についての芸術の本源性を指摘した。

芸術や文化活動を個人の趣味や道楽と考え、労働に相反する余暇と考えるならば経済を成長させるどころか停滞させるものになる。しかし、今日では芸術や文化の発展普及は経済成長につながり、芸術文化の関連産業は現代の重要な産業になりつつある。わが国の近世でこのような文化経済学の思考が確立されていたとは到底考えられないが、近世下級武士が副業として始めた著述業は文化経済学的な行為と考えられる。

本章では、下級武士の労働経済、副業として行った文筆業を文化経済の観点から、御徒（おかち）の大田直次郎のケースをもとに考察したい。近世社会は将軍が軍事力を担保にして士農工商のヒエラルキーを形成していた。幕臣は縦のランクで旗本と御家人に二分され、職務内容で番方と役方に二分される。番方は平時の軍備担当で、役方はこれ以外の事務的な仕事で行政裁判などを担当した。大田直次郎は番方である御徒であった。江戸城で警護にあたる仕事である。御徒は三日に一度勤務という自由時間の多い仕事であった。直次郎は自由に使える非番の時間を生かし、狂歌・戯作・随筆・漢詩などを執筆した。膨大な書物を残した武家文人であるが、一般には狂歌師という肩書で語られることが多い。

天明狂歌大流行の立役者とされ、天明時代の狂名は四方赤良（よものあから）、晩年の狂名は蜀山人（しょくさんじん）である。漢学者としての号である大田南畝（おおたなんぼ）としても有名である。本章では下級武士の労働経済と文化経済に着目するために、大田直次郎という武士社会における通称名をあえて用いることにする。

直次郎は『山手閑居記』の中で、「吏にして吏ならず、隠にして隠ならず」と述べている。直次郎オリジナルの言葉ではなく晋書・孫綽伝の一節から引用したものであろうと思われる。おそらく、大田直次郎に限らず、近世中期以降の武士の多くが、「武士であって武士ではない」と考えていたことが推測される。

第二節では大田直次郎のライフサイクルについて述べ、第三節では直次郎は当初学者をめざしたにもかかわらず武士を辞めず狂歌師を武士の副業とした理由を考えたい。第四節では、直次郎が火付け役とされる天明狂歌大流行の経済的意義について考察する。第五節では大田直次郎の近代的合理主義と文化経済について考察する。第六節はむすびである。

二　大田直次郎のライフサイクル

大田直次郎は十七から七十五までの五十八年間を武家文人として生きた。前半四十八までの三十一年間は御徒として、後半の二十七年間は支配勘定として勤務している。番方と役方の双方を御家人として経験している。著述は膨大である。

大田直次郎の生きざまは、その人生の時期によって異なる。

本節では労働経済の観点から、次のように直次郎の人生を四区分する。

第一期：明和三年（一七六六）『明詩擢材』を記した十八までの直次郎は、学者をめざし、ひたすら学問の専念するまじめな秀才であったと考えられる。直次郎が御徒として召し抱えられたのは、とし十七のときであるから、仕事にも学問にも精励していた時期であろう。

第二期：明和四年（一七六七）『寝惚先生文集』を著した十九から、政変が起き天明七年（一七八七）直次郎とし三十九のとき、狂歌・戯作と絶縁するまでの約二十年間。この期間は、天明狂歌の流れに乗り、高級料亭や吉原で豪遊した時代である。吉原妓楼松葉屋の遊女三穂崎の身請けもこの期間の事件である。いわゆる狂歌師四方赤良の時代である。武士としては父正智と同じ御徒で、七十俵五人扶持である。

このときの御徒の仕事ぶりは、なんとか合格点に達する程度の働き方であったのではないかと推測される。直次郎のエネルギーは狂歌や戯作の制作に注がれたと思われる。

第三期：天明八年（一七八八）直次郎とし四十のときには自宅で訳文の会を開く。寛政十一年（一七九九）直次郎とし五十一のとき幕府の命令により『孝義録』を編纂するまでの約十年間は能吏の時代である。

この間には寛政六年（一七九四）四十六で学問吟味に主席合格している。寛政八年（一七九六）には、御徒から支配勘定に出世し、足高三十俵を加えて百俵五人扶持に増えている。

寛政七年（一七九五）、直次郎は狂歌判者の地位を数奇屋連の（つまり門下生の四方連ではない）鹿都部真顔（しかつべのまがお）に譲った。狂名四方赤良の四方姓は以後、数奇屋連の鹿都部真顔が名乗ることになる。同年、直次郎の別の号である「巴人亭」を門人の頭光（つむりひかる）に譲る。これで大田直次郎の狂名四方赤良を象徴する「四方」姓と「巴人亭」号を門人でない真顔と門人の頭光に譲り、名実ともに狂歌師四方赤良は引退したことになる。直次郎は役人として堅実に生きてゆく決意が固かったという証左であろう。狂歌界の頂点の椅子が空いたことになる。やがて狂歌界は狂歌四天王（銭屋金埒、真顔、宿屋飯盛、頭光）の時代へ以降し、世代交代してゆくのである。このうち銭屋金埒、真顔は数奇屋連、宿屋飯盛、頭光は四方連である。寛政九年（一七九七）には惣領の定吉が筆算吟味を受験し合格しているが、出仕には至っていない。

第四期：寛政十一年（一七九九）直次郎とし五十一で大坂銅座詰めを任命されたときから文政六年（一八二三）とし七十五で没する約二十五年間である。この時代の直次郎は能吏として大坂、長崎勤務などを務め、かつ文人としては蜀山人と名乗り、狂歌も含めて文筆活動を行っている円熟の時代である。武家文人としてもっとも安定的に押しも押されもせず過ごした時期と思われる。いわば第二の時期と第三の時期の折衷案的な生き方である。

この時代の直次郎の狂歌には、かつての四方赤良の頃と違いシャープさは感じられない。狂歌師蜀山人というよりも江戸の文化人蜀山人として不動の地位を築いた時代であろう。

直次郎が「吏にして吏ならず、隠にして隠ならず」と述べたのは『四方のあか』の『山手閑居記』の中であるから、天明七年（一七八七）のことである。しかし実際にこの境地に達したのは第四の時期になってからではないかと思われる。

この第四の時期も厳密には、惣領定吉が役所を辞める時期で前後に二期に分けられるだろう。

定吉が勘定所を辞めたのは自発的に辞めたのか罷免されたのか、辞めた時期や理由などは明確ではない。

大田直次郎は寛政の改革で粛清を受けた知人の山東京伝、蔦屋重三郎、恋川春町などの事件に関して一言も書き残していないのと同様に、定吉の退職についても何ら言及していない。ただし定吉が出仕になったときの喜びの詩はいくつも残している。

三　大田直次郎が狂歌師を副業とした理由

御徒は七十俵五人扶持の微禄である（他の職業との賃金比較や現代価値への換算などの試みは第七章で行う）。御徒に限らず、微禄の御家人は副業の必要性があった。御徒の副業として代表的なものは文鳥・十姉妹の飼育であった。卵から雛にして売る。愛玩用として小鳥が普及していたことがわかる。

組屋敷とはいうものの土地の使用は自由（黙認）であった。御徒の拝領地を百三十坪とするならば、建て坪からしてかなり余裕があり、野菜栽培を行っていたと考えられる。

大田直次郎少年は神童と呼ばれ、子供の頃から読書に励んだ。おそらく学問で身を立て下級武士の階層から抜け出たいという野望があったと思われる。教育熱心な母利世も札差に借金のあった父も同じ思いであったろう。直次郎のデビュー作は明和三年（一七六六）直次郎十八のときの『明詩擢材（みんしてきざい）』である。明詩の用語を分類配列した作詞用語辞典である。師の内山賀邸が「この児まさに大成すべし」と賞賛したように頭角を表していた。このころ、直次郎は松崎観海に入門している。和歌が専門の賀邸が、直次郎の能力をさらに伸ばすために漢文の観海を紹介したのであろう。おそらく当時の直次郎は漢学者をめざしていたと思われる。

直次郎の運命を変えたのは当時の流行作家風来山人（ふうらいさんじん）（平賀源内）との出会いであろう。直次郎とし十九のときに版行した狂詩『寝惚先生文集』は源内の影響がみられる。狂詩とは滑稽を主とした漢詩体の詩で、俗語を交え平仄（ひょうそく）をふみ押韻をなすことが多い。若い目で当時の江戸や貧しい武士を見た詩が、従来の和歌俳諧では表現できない真実を新鮮な形で表現しヒットした。

これが契機で直次郎は御徒を続けながら狂歌師四方赤良としての名声を高めてゆくことになる。大田直次郎は青雲の志を抱きながら、学者ではなく狂歌師の道を歩んだ。

（一）大田直次郎が学者にならなかった理由

なぜ、直次郎は学者への道を歩まなかったのか考えてみたい。第一の理由は経済的な理由と思われる。明和五年（一七六八）直次郎の父正智は御徒を五十三で退き隠居する。とし二十の直次郎が家督を継ぎ大田家の家計は直次郎によって支えられることになる。下級武士は俸禄を担保に札差から借金をし、副業で何とか家計をやりくりしているのが普通であった。

大田家も例外ではない。大田家担当の札差は和泉屋茂右衛門である。父正智の代には札差から借金があったとされるが、直次郎の代では定かではない。天明六年（一七八六）には離れ「巴人亭（はじんてい）」を建設し、遊女三穂崎（みほさき）を身請けしている。この事実から大田家には多くの出費があったと考えられる。この費用捻出は御徒の禄では不可能である。

捻出方法の選択肢は三つ推測される。第一に札差からの借金。第二に田沼意次の懐刀とされる土山宋次郎からの支援だ。直次郎は土山と天明時代豪遊している（『三春行楽記』）。第三に狂歌師としての収入である（本書第六章参照）。第三の選択肢は大きなウエイトを占めないと思われる。おそらく第一、第二の方法であろうと考えられる。

寛政元年（一七八九）九月十六日、松平定信の指示のもとに棄捐令が発布された。旗本御家人の借金は帳消しにされ幕臣は狂喜し、白河楽翁は神の如く崇められ人気は急上昇した。大田家に大きな出費があった三年後のことである。

直次郎は記録に残していないが大田家も棄捐令の恩恵を受けたかもしれない。

学者として収入を得るためには、多くの弟子を持ち、授業料を門下生から受けるか、幕府に抱えられた学者になるかである。二十の直次郎にはその機会はない。しかし本を版行したからといって、当時潤筆料（原稿料）という概念はなかった。

曲亭馬琴が『近世物之本江戸作者部類』で述べているように、作者に新刊の絵草子・錦絵を送り、新年の佳義を表し、二三月のころに作者を遊里に連れてゆき一夕饗応しただけであった。潤筆料が支払われるようになったのは寛政以降、馬琴と山東京伝の書物が一万部以上売れるようになり、書賈（しょこ）蔦屋重三郎、鶴屋喜右衛門とが相談し潤筆料を定めるようになった。

馬琴の記述から判断すると明和・安永・天明の時代に直次郎が潤筆料を貰っていたとは言い難く、御礼と遊里での饗応だけであったと考えるのが妥当だ。

下級武士の微禄では行くことができない高級料亭や遊里での饗応に若い直次郎の心は揺れたのであろう。直次郎は二万冊の蔵書があったと言われるくらい本を収集していた。出版社から新刊書を謹呈されるのは魅力であったろう。

『巴人集拾遺』は直次郎没後、後人によって編集されたと考えられていることから、直次郎晩年の作、あるいは公表を予定していなかった作品と思われる。それだけに直次郎の本音が吐露されていると考えられるのだが、『巴人集拾遺』で直次郎は次のように自虐的に述べている。

「やみなん、やみなん、わが十にあまりぬ頃は、詩は李杜が腹をゐぐり、文は韓柳が金玉をつかまんとせしも、郷里の小児に腰骨折られ、世俗の塵埃に目口を塞ぎて、いつしか白髪三千丈、かくのごときの老父となりぬ。狂歌ばかりはいひ立の一芸にして、王侯大人の掛物をよごし、遠国波涛の飛脚を労し、犬うつ童も扇を出し、猫引芸者もうら皮を願ふ」

文字通りに解釈するならば、直次郎は十代のころは学問に志して漢詩文に傾倒していたが、狂詩狂歌のヒットにより名声など世俗の快楽にひかれて勉学以外に時間を費やしてしまい、気がついたときには白髪三千丈の老人になっていたということであり、狂歌師四方赤良や蜀山人の名声に満足しているわけではないことになる。

またこの一文はいかに狂歌が貴賤・年齢にかかわらず流行していたかを示す。

身分の高い家の家財から子供のもつ扇、芸者の三味線にいたるまで直次郎は揮毫を求められたのであろう。狂歌で有名になった直次郎のもとには多くの門人が集まった。また狂歌会の判者としても活躍することになる。門人からは何らかの形で指導料を得たであろうし、判者には点料が支払われたであろう。揮毫に関しても何らかの御礼があったはずである。

直次郎は狂歌によってかなりの副業収入が得られたと思われる。学者の道を歩むよりも狂歌師として活躍するほうが大田家の家計を支えるには即効的であったろう。

直次郎の師、松崎観海は太宰春台の流れをひく学者である。春台は詩文よりも経世済民を重視した。直次郎も経世済民の考えにつながると言える。ただし経済学は金儲けの学問であるとか経済学者は金儲けが得意であるというのは誤った考えである。

直次郎は井原西鶴の『日本永代蔵』『西鶴織留』を読んで西鶴が「千古一人なる事」を知る。直次郎は西鶴の文才を評価するのみならず、西鶴の貨幣謳歌の哲学に共鳴する部分があったのではないかと考えられる。

第二の理由として時代背景がある。直次郎が四方赤良という狂歌師として活躍した天明時代は田沼時代である。田沼は賄賂政治家のイメージが強いが、これは松平定信が書物で田沼意次を悪く描くという負の情報戦略に起因するところが大きい。

田沼意次は学問芸術に理解があり、経済政策において画期的な政策も多い。田沼の経済政策における革新性については本書第三章で述べたとおり、自由な言論出版と多くの文化人を生みだした。直次郎の書物を世に出す後押しをした平賀源内のような奇人は田沼時代だからこそ活躍できた人物であろう。

天下泰平の世で武士の数は多すぎた。下級武士は三日か四日に一度登城するというワーク・シェアリングの勤務形態であった。堂々と店を開いて商いをするのは御法度であるが、非番の武士の内職は黙認されていた。拝領屋敷を転貸して家賃収入を得ている武士もいた。

非番の日の武士の内職は、その武士の労働時間に占めるシェアからすれば、かなりのウエイトを占めることになる。天下泰平の時代の下級武士は四民という社会的階層分類の中では武士であるが、産業構造の上では、内職の品を製造販売する職人・商人、つまり町人化していたと言える。直次郎のような下級武士は文化経済を担ったことになる。

天明狂歌全盛を支えたのは大田直次郎という人格円満かつ文才にめぐまれた作家がいただけでなく、版元蔦屋重三郎がいたことも起因する。狂歌はもともと狂歌会で詠う、その場限りの文芸であった。それを浮世絵と合成し、絵入りの狂歌絵本にして版行するというアイディアは蔦屋によるものだ。このような文化経済を支えたのは自由な学問芸術を奨励した田沼の経済政策による。大田直次郎が狂歌師として大田家の家計を支えることができたのは田沼時代という時代背景があるからこそである。

第三に直次郎が学者への道を歩まなかったのは、武士の地位を捨てなかったとも言える。直次郎はあくまでも武士として大田家を継ごうとしたともいえる。直次郎は死ぬ七十五まで武家文人として生きてゆくことになる。微禄とはいえ安定した収入（米）があることは大田家には重要なことと直次郎は考えたのであろう。

惣領が家督を無事継げば安定収入は保証されることになる。

「吏にして吏にあらず、隠にして隠ならず」という『山手閑居記』の中での直次郎の言葉は武家文人として生きてゆく姿勢であろう。

第四に、狂歌という表現手段は直次郎のような知識人の娯楽として当時、適切であったと考えられるということである。我々は明治大正の小説を読むと英語やドイツ語の単語をやたらと挿入した作品に出会いペダンティックに感ずることがある。

狂歌について直次郎は『狂歌三体伝授跋』の中で次のように述べている。

「それ狂歌には師もなく伝もなく、流儀もへちまもなし。瓢箪から駒がいさめば、花かつみを菖蒲にかへ、吸ものゝもみぢをかざして、しはすの闇の鉄砲汁、恋の煮こゞり雑物のしち草にいたるまで、いづれか人のこと葉ならざる。されどきのふけふのいままいりなど、たはれたる名のみをひねくり、すりものゝのぼかしの青くさき分際にては、此趣をしることかたかるべし。もし狂歌をよまんとならば、三史五経をさいのめにきり、源氏、万葉、いせすり鉢、世々の撰集の間引菜、ざくざく汁の知る人ぞしる、狂歌堂の真顔に問ふべし」

和漢の素養を身につけていることを大前提とした上で、古人の轍を踏むことなくオリジナリティの高い狂歌を詠むことが大切であるとしている。ここで大切なことは高い教養があることが狂歌を詠う前提としているということである。直次郎にとっては教養を学問としてではなく、笑いや諧謔のある歌として詠むことは大いに教養人としての誇りを満足させたであろうと考えられる。狂歌会は知性と教養の優劣を競いあう知的遊戯の場所であったのである。その参加者の社会階層は問わないとするものの教養は大切な要素だった。

上記は直次郎が十八歳のとき『明詩擢材』を世に出してから天明狂歌流行までの直次郎の家庭の事情を考慮した考えである。しかし天明末期、田沼意次から松平定信に代わる時代に直次郎は学者になることを期待し、そして破れたという現実がある。

第五の理由は、直次郎は学者を希望したが叶えられなかったと考えるものである。小林（二〇〇九）で示されるように、直次郎は松平定信らから幕府の儒者選任のための儒学講釈吟味を天明七年（一七八七）九月に受け『孝経』を講じている。

火事で焼失した聖堂が完成の暁には召喚されるはずであったのが、期待が裏切られ、儒官となりえなかったというものである。

（二）大田直次郎が狂歌界と絶縁した理由

天明七年（一七八七）文月、直次郎は狂歌界と絶縁したとされる。この理由は三つあると考えられる。まず、直次郎の保身である。

天明六年（一七八六）八月、田沼意次罷免。九月、将軍家治没、家斉が十一代将軍を継ぐ。

天明七年（一七八七）六月、松平定信が老中首座になり、七月文武奨励策が出されたという政変に対して、直次郎がいち早く難を逃れるために狂歌界と絶縁したと考えるものだ。

直次郎が田沼意次の懐刀と言われた土山宋次郎とともに高級料亭や遊里で派手な生活を送っているのは『三春行楽記』が示すとおり。土山が死罪になった以上、直次郎が警戒するのはもっともだ。土山が遊女誰袖を身請けして「行状宜しからず」であれば、同じく遊女三穂崎を身請けしている直次郎も同様の判決がおりる危険があると直次郎は危惧したであろう。自ら謹慎の姿勢を示し、狂歌戯作の世界と表面上は絶縁したふりをしたと考えるものである。

第二は上述のように天明七年に松平定信らから儒官になるための面接試験として『孝経』を講じており、直次郎の中にかつて憧れた学者への夢が再燃したためであろう。

第三は狂歌界のレベル低下である。どのような文化でも裾野が広がればレベルは低くなる。玉石混交の狂歌に対して判者を行うのを厭う気持ちが、狂歌界頂点に立つ直次郎の心の中にわいてきたとしても何ら不思議ではない。

ただし、これは直次郎が四民の階層社会を意識したということではなく、良質の狂歌を詠むためのバックグラウンドになる素養を、狂歌を詠む側が持っているかどうかの問題である。

天明狂歌は様々な階級に爆発的に広がり、裾野が広がったがゆえに頂点に立つ直次郎は真っ先に嫌気がさしたといえる。

四　天明狂歌の大ブームと文化イノベーション

天明時代には江戸から地方まで全国的に狂歌が爆発的に流行した。残念ながら今日の文化現象では例える事例が思いつかない。天明狂歌は江戸に限らず、地方まで進展した文化である。娯楽には野球観戦のように見るだけの娯楽と釣りのように自分自身も参加する娯楽がある。およそ文芸の世界で、様々な階層の人々が自ら参加し楽しむ文芸が天明狂歌のようにブームになった例は少ないであろう。天明狂歌の中心人物は御徒の大田直次郎とされる。

本節では天明狂歌の社会経済的意味について考察したい。

第一に教育に関して、庶民に正の外部効果をもたらしたことである。外部効果とは、経済主体の活動が、市場以外の経路で影響を及ぼすことをさす。正の外部効果の例には教育があり、負の外部効果の代表は公害である。

狂歌会には様々な階層が参加した。近世中期、寺子屋は普及しており、町人の子も読み書きを覚えたとはいうものの武家文人のほうが一般に教養は高い。天明狂歌の立役者は四方赤良

（大田直次郎）、唐衣橘洲、朱楽管江（あけらかんこう）とされるが三人とも武士である。武家も町人も教養の程度にかかわらず狂歌会に参加することで文化に関して外部経済が発生したと考えることができる。狂歌は戯れ歌である。笑いや諧謔の詩である。

こういう類の文芸作品の理解は同じ文化を共有していないと理解が難しい。笑いを得るための一つの手法がパロディである。パロディでおかしさを感じるためには元の詩を熟知していることが必要だ。例えば有名な在原業平の歌を滑稽化したものに次のような狂歌がある。

世の中にたえて女のなかりせば男の心のどけからまし

（本歌は、世の中にたえて桜のなかりせば春の心はのどけからまし『古今和歌集』在原業平）

また掛言葉を多用した下記のような狂歌もある。

あなうなぎいづくの山のいもとせをさかれて後に身をこがすとは

つまり穴鰻＝あな憂、鰻＝山の芋、芋＝妹、背を裂かれて＝割かれて、である。いも（妹）

は男性から女性を親しんでいう語であり、せ（夫、兄、背）は女性から男性を親しんでいう語である。この狂歌は、言問はぬ木すら妹と背とありといふを（『万葉集』）という歌などが参考になっている。狂歌を詠うには掛け言葉など豊富な語彙力が必要となることがわかる。

かりがねをかへしもあへずさくらがり汐干がりとてかりつくしけり
（借金、桜狩り、潮干狩りなど「かり」で言葉を統一している）

浅間さんなぜそのようやけなんすいわふいわふがつもりつもりて
（いわふ＝言おう＝硫黄、焼け＝妬け、なんす＝ありんす言葉）

小鳥ども笑はば笑へ大かたのうき世の事はきかぬみみづく
（聞かぬ耳＝木兎（みみづく）、昼間目の見えない木兎を小鳥たちがつつく）

狂歌会は誰でも参加できた。狂歌会は閉鎖的なハイソサエティ、スノッブなサロンではなく、天明狂歌は開放的な文芸であった。これにはサロンのリーダー的な存在である直次郎の心の広さが大いに貢献したと思われる。

しかし上述のように狂歌を理解し、狂歌を詠もうとすると幅広い教養が要求された（単なる駄洒落の狂歌も存在するが）。このことが教育における外部効果を高めたと考えられる。

第二に文化を経済活動にしたことである。狂歌はもともと狂歌会で詠むだけのものであった。狂歌会の後は（もしくは同時進行で）酒宴である。狂歌会は言葉遊びを行う娯楽の場所であった。第三節で述べたように、詠み捨てであった狂歌は版元蔦屋重三郎の企画と絵師の協力により狂歌絵本として出版されヒットすることになる。『画本虫撰』は天明八年（一七八八）の狂歌絵本で喜多川歌麿の出世作である。

その場限り、詠み捨ての娯楽であった狂歌会の歌を版行し、絵と狂歌をコラボレーションした文化産業としたのである。その後、瀧澤馬琴の『南総里見八犬伝』のヒットにより、版元は作家に潤筆料を払うという経済活動としての認識が形成されてゆくことになる。

文化活動を経済活動にすることができた要因には、微禄の下級武士直次郎のコーディネーターとしての能力、蔦屋重三郎のプロデュース力、自由な芸術を認める田沼政治の力などがあろう。狂歌は出版業を活性化させただけでなく、狂歌師にも便益をもたらした。

遊戯は自然発生的に競技を競い合う娯楽へと発展してゆく。狂歌会もしかり。作品の優劣を競い合う狂歌合が開催されるようになった。競技となれば判者が必要である。直次郎など優れた狂歌師は判者になり、また多くの弟子を抱え、点料の収入を得ることになる。また狂歌が大流行するようになり狂歌師は揮毫を求められその礼として収入もあったであろう。

残念ながら直次郎が狂歌師としてどの程度の収入を得ていたがわからないが、天明狂歌のブームはマクロ的に文化を経済活動とし、ミクロ的には直次郎個人の収入も増やしたのである。

近世は農業を基本産業とする米遣い経済である。士農工商のうち士農の間では、農民の払う年貢（米）が武士の禄（米）になるが、町人（工商）は貨幣経済である。近世の経済システムの大きな問題点は米遣い経済と貨幣経済が併存していたことである。貨幣経済の浸透は自由主義をもたらし幕藩体制の崩壊につながるため幕府は貨幣経済のみの単独システムを認めたがらない。しかるに町人の間には才覚のある者が富と成功を手にするという考えが広まってゆく。

狂歌大流行は直次郎ら武家文人が意識したか否かにかかわらず、狂歌により有効需要を創出し、文化経済を興し、貨幣経済を活発化させたのである。町人ではない武士たちが貨幣経済の活発化に寄与した意義は大きい。

井原西鶴は『日本永代蔵』の中で、サブタイトルである「大福新長者教」にふさわしく次のように金銀を両親以外の大切な親だとして貨幣の重要性を述べている。

「一生一大事身を過ぐるの業、士農工商の外、出家・神職にかぎらず、始末大明神の御宣託にまかせ、金銀を溜むべし。これ二親の外に命の親なり」

　ところで井原西鶴が大坂商人出身であるため江戸にまで名声が届かなかったのか、直次郎が井原西鶴の作品をはじめて読んだのは、文化八年（一八一一）、とし六十三のときのようである。読書家の直次郎が還暦すぎまで西鶴を読んでいなかったのは不思議にも思えるが、『蘆の若葉』には次のように記されている。

「文化八年辛未夏日、永代蔵・織留の二書をよみて、まことに千古一人なる事をしれり」

永代蔵は『日本永代蔵』、織留は『西鶴織留』のことであるから、この「千古一人なる事」と激賞されている人物は井原西鶴に他ならない。

　川端康成は日本の三大小説家を紫式部・井原西鶴・徳田秋声としている（山本（一九六四））ことからも、直次郎の記述は文字どおり、西鶴の「千古一人なる事」である文学的才能を賞賛したものであろうが、それだけではなく、大田直次郎にも西鶴同様に貨幣謳歌の哲学があったのではないだろうか。

　大田直次郎は米遣い経済のシステムに内包される武士の立場でありながら、貨幣経済のシステムを（少なくとも潜在意識の中では）肯定、いやむしろ積極的に考えていた近代的な経済人であったと思われる。

　第三に文化にシナジー効果をもたらしたことである。狂歌には様々な連があった。大田直次郎こと四方赤良率いる四方連、鹿津部真顔の数寄屋連、朱楽菅江の朱楽連、蔦のから丸（蔦屋重三郎）らの吉原連などである。これらの連が狂歌会、狂歌合に参加するのであるからネットワークを通じ、文化経済に様々なシナジー効果をもたらしたと考えられる。このネットワークが幕府批判、倒幕運動に進展すればともかく、武家文人の非番のときの文化活動は幕府にとって問題ではなく、幕府は狂歌会を禁止することはなかった。

　このように天明狂歌のブームは文化経済の発展に大きく寄与したと思われる。その担い手は勤務時間が短く副業が可能な下級武士だったのである。

五　大田直次郎の生き方と文化経済

　大田直次郎の生き方を考察する場合、「吏隠」「雅と俗」がキーワードになる。すなわちマクロ的には職業分類として、吏＝俗、隠＝雅として直次郎の昼間の役人生活と非番の著述業の生き方を二分類する。あるいはミクロ的には著作の分類として、漢詩文などを雅とし、狂歌・戯作などを俗として二分するものである。大田直次郎はこの雅と俗をうまくバランスさせ、精神的にも安定し、常識人として生きたとする人物評が多い。

直次郎の交友関係は非常に広く人格も円満だったとされる。その証左には次のような交遊関係が挙げられるであろう。

平秩東作（へづつとうさく）など年長者にかわいがられること。岡田寒泉（柴野栗山・尾藤二洲と並んで寛政の三博士）をはじめとする正統な儒学者との交際。土山宋次郎のようなダーティなイメージのある権力をもった政治家との交際。市川団十郎をはじめとする歌舞伎や角界の大物との交際。平賀源内や沢田東江など奇人とのつきあい。非常に気難しいとされる上田秋成からも「我を知る人なり」と『胆大小心録』に書かれるくらいの如才なさ。やはり気難しい滝沢馬琴など年下の者との交遊。

様々な確執のある人同士の仲裁役をしていること、たとえば高田与清と清水浜臣（文化十二年、一八一五のいわゆる松茸比べ）、宿屋飯盛と鹿津部真顔（文化十四年、一八一七に両者の和解を促す）。多くの門人がいることなど、大田直次郎は人格温厚で包容力もあり、高い社交性をもち町人からも親しまれていたと考えられる。大田直次郎に限らず、下級武士には四民の頂点にたつなどという奢りはなかったのかもしれない。

大田直次郎は門人からは大田南畝先生、四方赤良先生、晩年は蜀山人先生と呼ばれたであろう。門下生ではない文人や武士からは大田直次郎殿と呼ばれたであろうと推測される。しかし直次郎は本屋や骨董品屋では「親父」と親しみをこめて呼ばれた。また直次郎の狂歌は「親父の歌」というだけで通用していたとされる（『森銑三著作集』）。およそ日本の著名作家で「親父」と親しみをこめて庶民から呼ばれた文人はかっていただろうか。アメリカではパパと呼ばれたヘミングウェイがいる。ヘミングウェイの作品は男性的・父性的な文学とされ、作者であるヘミングウェイは男性的なヒロイズムの象徴とみなされることが多い（ヘミングウェイの作品に両性具有的・女性的な部分が含まれるという見解もある）。そのようなヘミングウェイの愛称が「パパ」であったのは頷ける。日本文学は女性的とされる中で、日本の作家が蜀山人のように「親父」と言われていたのは意外に感じられる。大田南畝は漢詩や学問（雅）の際の号で四方赤良や蜀山人は狂歌（俗）の狂名である。雅と俗の両者を対立させて考えるよりも直次郎の中には両者が併存して分離することなく存在したように思われる。

四方姓を門人ではない真顔に譲ったことは父性的な判断と言える。四方姓を譲る候補としては門人の頭光や宿屋飯盛が考えられる。飯盛の場合は本業の宿屋業にからむ冤罪事件で江戸払いになっていたという要因があるが、窮地だからこそ飯盛に声援を送る意味で四方姓を飯盛に与える選択肢もあったであろう。四方連には直次郎の甥の定丸がいた。そもそも直次郎の惣領に定吉がいる。真顔ではない選択肢は存在したはずである（候補者の狂歌そのものの優劣はここでは議論しない）。たとえ真顔が狂歌のできばえが最高であったとしても自分の門人である四方連のメンバーに四方姓を譲る師は少なくないであろう。

大田直次郎にはこのような近代の合理主義にもとづき、非常にクールに時代に応じた比較優位の選択肢を常に選ぶことができた近世には珍しい人物と思われる。標準的な経済の教科書には「比較優位」の理論が記載されており、その例としてアインシュタインと秘書の組み合わせがしばしば使用されてきている。アインシュタインと秘書が研究的業務とタイプライターによる補助的な事務作業を共同で行う場合を想定して効率的な仕事の方法を述べるものである。

そこではアインシュタインに研究業務を、秘書に事務を特化させたほうがトータルの生産性が高いことを簡単な数値計算で示すものである。これが効率性を求める経済合理人の分業という行動の仕方である。しかるに、この秘書（弟子）が事務作業では満足できず自分も研究者を志望しており研究業務がしたいと主張すると効率的な分業は成り立たなくなる。比較劣位の選択肢を選ぶ行動は経済合理人としては非効率な選択であるが、人間くさいあり方ともいえる。

直次郎の漢詩の多くから隠棲願望、世捨て人への憧れ、厭世感を読みとることができる。官職を放擲できない理由は家族を扶養しなければならないという義務感の存在である。直次郎の個人史とともに、それは老親であったり子供、孫になったりしている。

強い棄官願望をもちながらも実際には死ぬ七十五まで働き続け、致仕せずに武家文人を続けたことこそが吏隠をバランスさせた常識人大田直次郎の生きざまであったといえる。

大田直次郎は常に時代に応じた比較優位の処世の仕方をすることができた経済合理人といえる。近世にいながらすでに近代的な合理主義を身につけ都会人のセンスを身につけていた。

六　むすびに

武家文人大田直次郎は吏隠をバランスさせて生きた。優れた文才がある下級武士が文筆業の副業をもち、文化活動を経済活動にして新たな文化産業に高めた。このことは武士の町人化ともいえ、幕藩体制は支配階級であるべき武士の層から内部崩壊を始めていったのである。

田沼は失脚し、松平定信の寛政の改革が始まった。改革とはいうものの、大きな日本の歴史の流れからすれば、自由主義経済や近代化からは、より遠ざかったといえる。田沼が政権を持続したほうが明治維新はより早く来たであろう。次章では寛政の改革と大田直次郎をみる。

第五章　寛政の改革と大田直次郎（大田南畝）の生きざま

一　はじめに

田沼時代から寛政時代にかけては、時代が大きく転換した時期と考えられる。田沼意次が推進してきた政策と寛政の改革を実施した松平定信との間には政策に大きな相違がある。この時代は、近世において大きな転換期と言える。その中で下級武士が、この転換期の影響をどのように受けたかを、下級武士大田直次郎（武家文人大田南畝）のケースに焦点をあて考察したい。

学問・芸術を自由に奨励した田沼の時代から、寛政の改革によって時代は大きく変化する。寛政異学の禁、文武奨励策が行われた。さらに厳しい出版統制が行われ、文人に対して多くの粛清が行われた。その中で、下級武士はどのように生きのびたのか、なぜ大田直次郎は、田沼時代には遊女を囲い高級料亭で豪遊するなど下級武士とは思えない行動であったにもかかわらず粛清の対象とならなかったか考察したい。

第二節では、田沼時代および松平定信の政策を概観し、これらの政策の比較を行う。また松平定信による粛清について述べる。第三節では、これら政策の転換の中で下級武士大田直次郎はどのように生きたのかについて考察する。四節はむすびである。

二　田沼時代から寛政の改革へ

本節では、田沼と松平定信の政策について概観し、松平定信による粛清についてみてみよう。

（一）田沼時代と松平定信の政策の相違

この時代は『集義和書』が示すように豊年には米価が下落して武士が困り、凶年には民衆が飢え、上下苦しんで世が乱れることが顕著になってきたといえよう。江戸の消費は大幅に増加した。しかるに武士の俸禄は増加しない。そのため武士は困窮し、札差から借金をするようになった。札差が力を持ち、十八大通と呼ばれる富裕層が登場してきた。

田沼意次は商業資本の積極的な活用を推進した。田圃からの税金（年貢）に限界を感じ、商人から税金をとることを考えた。そのため株仲間を積極的に公認し、運上（うんじょう）・冥加（みょうが）の徴収を行った。南鐐二朱銀など定量の計数銀貨の鋳造、北方への国土拡張政策、すなわち蝦夷地の開発などを行った。学問・芸術に関しては自由な発展を奨励するなど先駆的な試みを行った。

これに対して松平定信は、八代将軍吉宗の享保の改革を理想とする復古的理想主義を掲げて、士風を引き締めようと文武奨励策を行った。財政に関しては棄捐令を出し、寛政異学の禁、出版統制など学問・芸術が制約されることになり、弾圧を受けた文人も多い。

（二）田沼から松平への流れ

勘定組頭土山宋次郎は「軽少なごん」の狂名で狂歌を詠んだ。「四方先生」と直次郎のことをおだててくれるが、土山のほうが上役である。直次郎が土山宋次郎らと高級料亭の望汰欄で豪華な食事をし、行楽に耽っていた天明二年（一七八二）、天明三年（一七八三）は異常な気象であった。直次郎が土山と天明二年に豪遊していた記録は、直次郎自らの手で『三春行楽記』に記している。そのころ、土山はつねに流霞という妾を連れて豪遊していた。

天明二年の年が明けると西日本に豪雨を伴う長雨が降った。このため西日本一帯が凶作となった。大雨は奥州にもおよび津軽では冷害の大きな被害が出た。七月十四日、十五日には関東で大地震が断続的に発生した。

天明二年からの異常気象による凶作に加え、天明三年七月八日は浅間山が大爆発し、いわゆる天明の浅間焼けに続き天明の大飢饉が起きたのである。

直次郎が、望汰欄の献立を記したのは、大飢饉で多くの餓死者が発生した時代のことなのである。直次郎が土山たちと高級料亭で美しい風景を愛でながら、豪華な食事をしていたころ、一方では餓死者の頭の皮を剥ぎ取って、火に焙って食うという地獄の風景があった。

天明四年（一七八四）、土山宗次郎は吉原大文字屋の遊女誰袖を千二百両で身請けした。一両＝十万円とするならば一億円以上の妾だ。また土山は江戸でも評判の豪邸観月楼を直次郎の家からそれほど遠くない所に建てた。同じ天明四年、田沼意次の長男で若年寄の田沼意知（三十六歳）が佐野善左衛門に殿中で刺殺された。巷で佐野は「世直し大明神」と称された。

ところで田沼意次は芸事を推奨した。田沼意次の子孫への遺訓は、学問と武芸に心掛けさせることを述べた上で「かつまた武芸心がけ候うえ、余力をもって遊芸いたし候義は勝手次第、差し止めるには及ばず候こと、ただし不埒なる遊芸はいたさせまじきこと」と述べている。

田沼の時代が終われば、今までのように自由な文芸活動はできなくなるかもしれないと直次郎は予感したかもしれない。

この時代、武士の風紀が相当乱れていたと思われる事件があった。天明五年（一七八五）八月十三日、四千石の寄合旗本藤枝外記と吉原大菱屋の花魁綾衣（あやきぬ）が心中した。吉原を逃げた二人は農家に隠れたが、追手が迫り、外記は綾衣の胸を刀で刺したのち、割腹した。外記は享年二十五歳、綾衣は十九歳であった。藤枝家の長老たちが何かとうるさく、外記は当主にもかかわらず、養子であったため廓通いもままならなかったようだ。

直次郎もやはり廓通いをしていた。天明六年（一七八六）七月十五日、直次郎は吉原妓楼松葉屋の新造三穂崎を身請けする。身請け金の額は不明である。この年の十二月、直次郎の家の離れ巴人亭が完成した。十畳と三畳の二間である。これは三穂崎を身請けするための部屋であった。このときの建築費の額も出所も定かではない。身請け金と合計すると、かなりの金額と思われ、下級武士では捻出が不可能だ。土山の支援があったと推測される。

天明六年、八月のはじめ、将軍家治の体に水腫が現れた。体のみならず顔もむくんできた。奥医大八木伝庵が処方した薬では、いっこうに症状が回復しないことにいらだちを感じた田沼意次は町医者からお目見得医師になった日向陶庵と若林敬順を推挙する。

二人は八月十六日、登城し、内殿で家治の治療にあたる。八月十九日、日向陶庵と若林敬順は奥医に任ぜられ投薬を行う。二人が処方した薬を飲んだあと、家治は危篤におちいる。八月二十日、再び、奥医師大八木伝庵の治療に交代する。八月二十五日の早朝に将軍家治が病死した。八月二十七日に田沼意次は老中の職を罷免される。九月七日に将軍家治は江戸城本丸で没したと公式発表される。五十一歳。

天明七年（一七八七年）六月十九日松平定信は老中首座になった。七月二十一日に幕府は文武奨励の令を出した。田沼時代に武士の緊張感が緩んだとして、武士の緊張感を高め、風俗の是正を行うための令である。

この令は田沼時代の自由な空気に慣れていた武士を困惑させた。八月になると不満の声が聞こえ始めてきた。そのような状況の中で、次のような落首が広まった。これが問題となって浮上してきた。

世の中に蚊ほどうるさきものはなし　ぶんぶといふて夜も寝られず

孫の手のかゆき所へとどきすぎ　足のうらまでかきさがすなり

「世の中に……」は、老中松平定信の文武奨励策を揶揄した落首と思われた。蚊の「ぶんぶ」は、言うまでもなく文武奨励策の「文武」を意味する。

「孫の手……」の孫とは、老中松平定信が八代将軍徳川吉宗の孫であったことを意味する。定信の行う寛政の改革とは、吉宗時代の享保の制に復すことであった。掻き探すとは、隠密にさらに隠密が付き調べるような政情を揶揄したものと考えられる。

この二首が直次郎の作であるとされたのである。当時、狂歌といえば大田直次郎（四方赤良）の名前がすぐ出てくるぐらい有名であっただけに、作者だと疑われたのであろう。

天明二年（一七八二）に直次郎は『江戸の花海老』という狂歌狂文を刊行したが、その中で、狂歌に正風体をと主張し、落首は卑劣な歌であることを述べている。しかし、自分たちこそが正統派の狂歌師であるとして仲間の宣伝をしているだけの文と解釈もできる。

天明九年（一七八九）一月二十五日、内裏の火災など災害が頻発したことにより改元が行われ、寛政元年となった。

この頃、直次郎は次のような七言古詩を作っている。

天上名月無古今
人間世事有浮沈
去年楼上絃歌響
今日門前鳥雀吟

天明時代とは直次郎にとって、酒と色に耽溺した日々だった。直次郎は大川で名月を鑑賞しながら、華やかな天明時代と今を比べた。かつては高級料亭や遊郭で妓たちの絃歌を聞き、豪遊するという生活であった。

今は自宅にこもっている。自宅といっても所詮、御徒の組屋敷の中の一角である。音楽と言えば、門前で雀が鳴くくらいのものである。だが、名月はいつの時代、どの場所から見ても名月である。直次郎は、寛政の時代に寂しさを感じたであろうが、家を守るため、家族を守るためにやむを得ず、ご時世にあわせた対応をしたのであろう。

（三）松平定信による粛清

蝦夷地対策は田沼意次と松平定信で異なる。

田沼は赤蝦夷（ロシア）との交易を開始したいと考えていた。そのために蝦夷地の調査・開発に対して積極的であった。松前藩から蝦夷地を取りあげ、蝦夷地を幕府が直轄し、実質的には植民地化することを企んだ。いわゆる田沼の蝦夷地開国計画である。

土山宗次郎は蝦夷での交易開発を担当することになり、幕府随一の蝦夷通になった。土山の懐刀と言われた平秩東作は、目的遂行のため、蝦夷地へ事前調査のため派遣されていた。

これに対して松平定信は、蝦夷地を不毛の地にしておけば、赤蝦夷が南下して日本に侵略することを防ぐことができると考えた。すなわち蝦夷地を火除地（ファイアウォール）のように考えたのである。蝦夷地は従来どおり松前藩に任せるとする考えである。

定信にとって土山や東作のような田沼の息のかかった者は目障りであったのは当然のこと

である。天明六年（一七八六）閏十月五日、田沼意次はその領地二万石を減らされた。勘定奉行松本伊豆守秀持は職を失い逼塞処分にされた。十一月十五日、勘定奉行赤井豊前守忠晶が左遷された。十一月十七日、土山宋次郎孝之は勘定組頭から宝蔵番頭に左遷された。さらに十二月五日、土山は「行状よろしからず」として死刑に処せられる。「行状よろしからず」の理由は、遊女を妾としたこと、先年娘が病死したのを届けなかったこと、公金五百両を横領したこと、さらにこれら罪状が糾明されるのを恐れて逐電したことである。

このとき、土山をかくまったのは平秩東作である。東作は、急渡叱（きっとしか）りの処分を受けている。この粛清は直次郎にとっては衝撃的であったと推測される。土山の招待で直次郎は高級料亭や吉原でよく遊んでいる。とくに天明二年の頃はよく行楽をなし、『三春行楽記』として天明二年正月から四月までの行楽が記録されているのである。

狂歌会のあとの酒宴、芝居、廓遊び、花見と続き、書の名前の通り、まさに行楽三昧の生活を送っていたのである。この遊興費が直次郎の俸禄で支払えるはずもなく、土山が支えていたと考えられる。東作とは賀邸で知り合って以来の長い友人である。つまり直次郎と関係の深い人物二人が粛清されたことになる。

寛政元年（一七八九）七月七日、黄表紙作者の恋川春町が死んだ。享年四十六歳であった。

春町は天明八年（一七八八）に黄表紙『悦贔屓蝦夷押領（よろこんぶひいきのえぞおし）』を書いた。これは義経の蝦夷渡り伝説に絡めて、田沼意次と土山宗次郎を描いたものである。

翌年の寛政元年に書いた『鸚鵡返文武二道（おうむがえしぶんぶふたみち）』は醍醐天皇延喜の御代という時代設定になっており、天皇は万民に倹約を命じているが、松平定信の時代を揶揄していることは明白だった。

松平定信は春町を直接召喚したが、春町は病気を理由にこれに応ぜず、七月七日に自決したとされている。春町は直次郎と同じように武家文人である。黄表紙作家の恋川春町の素顔は駿河小島藩松平家の家老倉橋格である。根がまじめであった倉橋格は藩と家を守るために自決の道を選んだ。春町は直次郎と交友関係があり、ともに吉原で遊んだ記録も残っている。

寛政三年（一七九一年）三月、山東京伝は手鎖五十日になった。京伝の書いた洒落本『錦之裏』が、出版取締令に触れるというのだ。板元の蔦屋重三郎は財産半分没収になった。蔦屋は直次郎も世話になっている板元である。山東京伝は、直次郎が天明二年（一七八二）刊の黄表紙評判『岡目八目』で推賞し、その才能を見出した人物である。

寛政三年（一七九一年）十一月十八日、直次郎の門人石川雅望（宿屋飯盛）は江戸払いとなった。本業の宿屋業に関して不正があったとされた。

三　大田直次郎（大田南畝）はなぜ粛清を免れることができたのか

（一）武家文人大田南畝の誕生

大田直次郎の母利世は教育熱心で、直次郎がどの塾に通うかを熱心に調べ検討した教育ママである。寺子屋への入学（寺入り）は七歳になる初午の日に習慣的に行われていた。あらかじめ母親が師匠に入学の挨拶をしておいて師匠の許可を得ると母親が寺入りに付き添っていった。母がいない場合は姉か近所の女がこの役を行った。習慣的にこの役割は女だったのである。どの寺子屋にするか、どの私塾にするか探すのは母親の仕事になっていた。

直次郎は幼少の頃より、近所の子どもと遊ぶよりかは一人静かに書物を読むのを好む子どもであった。母親の利世は直次郎の能力を伸ばしたいとすぐれた師がいる私塾をさがした。直次郎のために、手習いだけでなく、さらにその上の高等な教育までを見込んでどの私塾が良いか江戸中を探しまわったのである。

直次郎が多賀谷常安（じょうあん）に入門したのは八歳のときであった。常安は直次郎の向学心の強さと文才に驚き、常安の和歌の師である内山椿軒（ちんけん）を紹介した。

直次郎は十五歳のときに椿軒に入門することになる。椿軒の自宅は牛込加賀屋敷で直次郎の自宅からは南山伏町や二十騎町を挟んで西の方角にあり、すぐ近くであった。加賀屋敷に住んだ内山椿軒は内山賀邸とも呼ばれた。

椿軒はすぐに、直次郎の抜きん出た能力に気がついた。直次郎は十九歳のときに刊行した『寝惚先生文集』で一躍その文名が高まり、武家文人への道を歩んでいったのである。

直次郎は、田沼の自由な学問や芸術の奨励の追い風にのり、狂歌・狂詩の活躍で文壇の長となってゆく。直次郎のような下級武士でありながら、支えたものは、田沼時代の学問芸術に対する自由な空気であった。直次郎の狂歌に対する自負心は「詩は詩佛書は米庵に狂歌おれ芸者小万に料理八百善」という歌に示されている。当時の業界で一流の人物（詩佛、米庵、小万）や料理屋の名前（八百善）を列挙したものだが、狂歌の一流人物は「俺」なのである。

そもそも、天下泰平の時代に立身出世などというのは例外的なことである。よほどのことがなければ、出世などできない。その「よほどのこと」を土山清次郎や田沼意次、そして武家文人大田直次郎はしてきたのである。御徒の小禄を支える副業として直次郎は文筆業を選んだ。子ども時代の直次郎は秀才であり、学問を志していたと考えられる。事実、直次郎が最初に刊行した書物は直次郎十八歳のときの『明詩擢材』であるが、作詩用語辞典である。

『寝惚先生文集』という狂詩の評判で直次郎は狂歌・狂詩・戯作という道に入り学問の道か

らは外れてゆくことになる。これは、近世中期になり貨幣経済が浸透し、豊かな町人が増加し、とくに当時十八大通などと言われる富裕な町人が出現したことにより、武士も華美な生活への憧れが強くなったことが背景としてあるであろう。

ただし、当時、潤筆料（印税）が今日のように定まったものがあったとは思えない。また仮にあったとしても僅かではなかったかと推測される。

直次郎は文名が高まることから得られる副次的な収入を期待していたのではないかと思われる。有名になれば、書も売れる。多くの門弟も集まってくる。直次郎には多くの狂歌の門弟がいた。しかるべき授業料を門弟は支払っていたと思われる。

また、直次郎はたくみに商人からＣＭ料も稼いでいたのではないかと推測される（このことについては本書第六章を参照されたい）。

（二）大田直次郎の家計

御徒大田直次郎は七十俵五人扶持の家格の下級武士であった。精勤し出世し、御褒美として臨時の収入を得ている。直次郎の収入について以下にまとめてみよう。

寛政六年（一七九四年）直次郎四十六歳、学問吟味を受ける。お目見え以下では首席合格で褒美に銀子十枚を賜う。

寛政七年（一七九五年）直次郎四十八才、支配勘定になる。足高三十俵を加え、百俵五人扶持になる。

寛政十二年（一八〇〇年）一月、直次郎五十二歳、御勘定所諸帳面取調御用を命ぜられる。月手当銀一枚を命ぜられる。八月、『孝義録』の功を賞して白銀十枚を賜う。十一月、神宝方本役となり、役扶持二人扶持を支給され、百俵七人扶持となる。十二月、御勘定所諸帳面取調御用骨折のため、白銀七枚を賜う。

享和元年から享和二年（一八〇一年から一八〇二年）直次郎五十三歳から五十四歳、大坂銅座詰め。

享和二年（一八〇二年）直次郎五十四歳、四月二十八日、大坂銅座詰めの功により、白銀七枚拝領した。

文化元年から文化二年（一八〇四年から一八〇五年）直次郎五十六から五十七歳、長崎奉行所詰め、文化二年十一月十九日帰宅。文化二年十二月十六日、褒美として銀を賜る。

文化五年から文化六年（一八〇八から一八〇九年）六十から六十一歳、玉川巡視、五か月間の間、月々三両支給されたのを倹約して九両あまし、蔵の修理にあてた。年末には銀十七枚を贈られた。還暦過ぎた時期、しかも寒い季節に玉川巡視という肉体労働であった。

文化六年（一八〇九年）十二月、直次郎六十一歳、大久保に宅地を賜う。

文化九年（一八一二年）直次郎六十四歳、二月、息子定吉（三十三歳）支配勘定見習として出仕を許される。大久保の土地と交換に駿河台に土地を賜る。

文政元年（一八一八年）直次郎七十歳にして昇給。三人扶持の加増。古稀にして、この頑張りは特筆に値する。これらからは精励恪勤の武士大田直次郎の姿が見られる。

逆に直次郎にとって大きな支出があったと思われる事項を左にまとめてみよう。

安永五年（一七七六年）直次郎二十八歳、自宅で父正智の還暦の賀宴。

天明三年（一七八三年）三月、直次郎三十五歳、目白の大黒屋で母の六十歳の賀宴。

天明五年（一七八五年）直次郎三十七歳、父正智の七十歳の賀宴。

天明六年（一七八六年）七月、直次郎三十八歳、新造三穂崎の身請け。十二月、離れ「巴人亭」完成。巴人亭は十畳と三畳の二間であった。

享和三年（一八〇三年）直次郎五十五歳、小石川金剛寺坂（現在の文京区春日二丁目）に自宅を年賦で購入。「遷喬楼（せんきょうろう）」と命名する。

文化五年（一八〇八年）直次郎六十歳、自宅で賀宴開催。

文化九年（一八一二）直次郎六十四歳、駿河台の拝領屋敷、帷林桜（いりんろう）へ転居する。

（三）粛清対策

松平定信の粛清に対して大田直次郎は次のような対策を行い、粛清を免れたと考えられる。

①『狂歌才蔵集』から土山色の排除

『狂歌才蔵集』刊行を直次郎は企画していたが、天明六年（一七八六）暮れに直次郎は慌てて、平秩東作が蝦夷の旅で歌った歌や、土山宋次郎邸（酔月楼）で東作の送別宴を催した際の別離の歌などを削除した。こうして『狂歌才蔵集』は、土山宋次郎の色を排除し、天明七年（一七八七）正月に刊行されたのである。

②狂歌界との絶縁

通常の正月であれば、直次郎は狂歌会めぐりをするところであるが、天明七年正月は狂歌会めぐりを直次郎は一切行わなかった。狂歌会に距離を置いたのである。さらに狂歌界からの絶縁を直次郎は文章で宣言している。

③『四方のあか』の編集者をカムフラージュ

『四方のあか』は本のタイトルからしても大田直次郎（狂名四方赤良）の編集と考えるのが妥当であろうが、編集は宿屋業を営む町人の石川雅望（狂名宿屋飯盛）が行ったかのようにカムフラージュした。石川雅望は直次郎の門人であり、天明三年（一七八三）に行われた直次郎の母利世の還暦祝いに幹事を務めていることから、直次郎の信頼の厚い人物だったと思われる。同書は天明八年（一七八八）春に刊行された。武士と比べて町人は責任を問われにくいと直次郎が考えたためのカムフラージュと思われる。

尚、石川雅望は、寛政三年（一七九一年）十月十八日に江戸払いの刑を受けている。罪は本業の宿屋の免許の関係とされるが、石川は無実を訴えている。直次郎とは、その後、師弟関係は続いているが、直次郎の葬儀には、なぜか石川は参列していない。

④和文の会を主催

天明八年（一七八八年）この年直次郎は四十歳、青年たちに詩文を教授した。また「訳文の会」を始めた。これは漢文和約、和文漢訳の稽古を通じて文章修業を行うものである。

おそらく、これこそが師内山賀邸の教えではなかったかと思われる。賀邸は狂歌に対して冷ややかな姿勢を示していたからである。

直次郎の父正智はこの年の九月九日、享年七十三歳で、師の内山賀邸は十一月九日、享年六十六歳で没した。この「訳文の会」を自宅で開催するという姿勢は、松平定信の文武奨励策に賛同を示す機会として好都合であったと思われる。

⑤学問吟味を受験

寛政四年（一七九二年）には、文武を奨励する松平定信の方針で学問吟味が行われることになった。学問吟味で有能な人材を登用しようとする制度である。直次郎のような学識のある御徒には、待ちに待った制度であるとも言える。

しかし直次郎は四十四歳になる。すでに頭髪には白髪も混じっている。いまさら若い者に混じって、学問の能力を試されるというのは屈辱的であったと言えよう。直次郎は若い者の漢詩の指導などもしてきた。いわば、教え子たちに自分の学問能力を採点されるようなものだ。

結果は不合格だった。天明時代に遊郭や高級料亭で豪遊し、遊女の身請けをした直次郎を毛嫌いしている啓事（事務官）森山孝盛の強い反対だったと言われる。

それから二年後の寛政六年（一七九四年）二月三日聖堂で学問吟味が行われた。この日の学問吟味を受けた若者二十三人の中には、ただ一人白髪が目立つ男がいた。四十六歳の大田直次郎である。直次郎にとって捲土重来の学問吟味である。御目見以下では首席の合格であった。褒美として直次郎は四月二十二日、江戸城で銀子十枚を頂戴した。

多くの文人が粛清されたなかで、直次郎が粛清の対象とならなかったのは、上記のように直次郎が早急に時代を読み、対策を行ったことであろう。その対策は明示的である。換言すれば、幕府の体面を汚さない気配りが直次郎にはできたが、粛清された他の文人にはできなかったと言えよう。また、直次郎は文人間のトラブルの仲裁役をいくつも行っていることから鑑みて、バランス感覚のある円満な人格者であったと思われる。

四　むすびに

大田直次郎（大田南畝）は小禄の御徒であり、副業として文芸活動を行った。田沼時代にはその才能は狂歌・狂詩で発揮された。寛政の改革が始まると、直次郎はいち早く狂歌界とは断絶し、すばやく自分に粛清が及ぶのを防いだ。直次郎の身近な人物が粛清されているが、直次郎はさまざまな対応をして粛清を免れた。

大田直次郎は田沼時代の学問芸術の自由な奨励により文才を発揮し、寛政の改革では学問吟味により昇進した。田沼から松平定信という激動の時代を逞しくしたたかに生きた人物である。

下級武士ならではの生きるためのやむをえない処世術であったとも言える。しかし一時期は大田直次郎の一番弟子であった（はずの）宿屋飯盛が直次郎の葬儀には参列しなかったことが、粛清の対象になった宿屋飯盛の鬱屈した感情を示しているように筆者には感じられる。

第六章　下級武士の副業とワーク・ライフ・バランス

一　はじめに

幕末には黒船が日本に来航し、また国内でも倒幕の動きが起きた。幕藩体制は内外双方の圧力で崩壊することになる。しかし、すでに近世中期、天下泰平の世では、武士は二本差しをする意義がなくなっていた。

本章では近世下級武士の労働経済を考察する。下級武士が副業として農業、工業、商業、文筆業など様々な分野に進出し、町民化し幕藩体制が形骸化していたことを確認する。ワーク・ライフ・バランスということが言われるようになって久しい。近世の下級武士は、はからずもワーク・ライフ・バランスのある暮らしをしていたように思われる。

江戸の下級武士大田直次郎は『山手閑居記』の中で、「吏にして吏ならず、隠にして隠ならず」と述べている。

晋書・孫綽伝の一節から引用したものとはいうものの、今日でいうならば、国家公務員が著書を出版し、「私は公務員であって公務員ではない」と公言したのと同じことである。版行は天明七年（一七八七）である。いかに田沼時代は言論が自由であったかの証左になろう。

著作を発表する機会のある武家文人の大田直次郎だから、「吏にして吏にあらず」と思うのであろうか。おそらく、近世中期以降の武士の多くが、「武士であって武士ではない」と考えていたと推測される。また、晋書・孫綽伝の一節から引用したものとはいうものの、大田直次郎が、「武士」や「侍」ではなく、「吏」という言葉を使用していることは注目に値する。

武士という軍事集団ではなく、役人という性質のほうが、この時代にはより一般的であったということであろう。文化十三年（一八一六）に版行された『世事見聞録』は武士の堕落を嘆く記述が多く見られる。武士の町人化が実態化してきたのであろう。しかし、この傾向はすでに近世中期からあったと言ってよい。

三田村鳶魚によれば、江戸の武士は「三番勤め」といって三日に一日勤めるようになっていた。実際は一人の働きで足りるところへ三人つかっている。ゆえ江戸の武士は俸禄が低いとしている（『三田村鳶魚全集第二巻』、『三田村鳶魚江戸武家事典』等）。

高柳（一九八〇）によれば、武士は「三日勤め」と言われる制度に基づき勤番していたとされる。すなわち三日に二日勤務し（当番）、一日は休み（非番）になる当番・非番制である。

三日に一日働くという説と三日に二日働くという二つの説があるようだが、いずれにせよ、この制度は、武士の数が、実際の仕事に比較して多すぎたことにある。本来は、この休みは武芸や学問に励む時間とされていた。しかし天下泰平と言われる時代になり、武芸に励む武士は少なくなった。むしろ内職に励む武士が増えた。この背景には江戸へ地方から人が労働の機会を求めて流入、また参勤交代の影響で江戸の人口が増加し、その結果江戸が巨大な消費市場になったことがある。

江戸が巨大都市化するにつれて、武士の消費も刺激される。しかし、武士の俸禄は先祖代々同じで増加することはない。そのため、下級武士は内職が当然のこととなる。このことは武士の町人化（商人化、職人化）につながり、ひいては幕藩体制の崩壊につながった。

さらに武士は札差から日常的に借金をするようになり、ますます武士の地位は低下してゆく。棄捐令等で、武士の借金を帳消しにするという横暴な政策も行われたが、武士の社会的な地位は形骸化し、町人は経済力で大きな影響力を持つようになる。

武士は「三日勤め」の方法でワーク・シェアリングを行い、実質的に武士の「失業」を防いだ。同時に農業や家内手工業等の内職で、貧しい家計を支える工夫をするようになる。これは今日の「働き方」の参考になる手法であろう。

本章では、下級武士の暮らしについて労働時間、副業等の観点から実態を把握し、近世の下級武士のワーク・ライフ・バランスや幸福について考察し、今日の労働経済に示唆するものを得たい。登場する下級武士名および引用の主な文献は次の通りである。

尾張藩の朝日文佐衛門：加賀樹芝朗（二〇〇三）『朝日文左衛門　鸚鵡籠中記』雄山閣
　加賀樹芝朗（昭和四一）『元禄下級武士の生活』雄山閣
　神坂次郎（昭和六〇）『元禄畳奉行の日記』中公新書
忍藩の尾崎石城：大岡敏昭（二〇〇七）『幕末下級武士の絵日記』相模書房
幕府の御徒の山本政恒：山本政恒著・吉田常吉校訂（一九八五）『幕末下級武士の記録』
　時事通信社
同じく御徒の大田直次郎：巻末に示す大田南畝の作品テクスト
桑名藩の渡部平大夫：加藤淳子（二〇一一）『下級武士の米日記』平凡社新書
桑名藩の渡部勝之助：加藤淳子（二〇一一）『下級武士の米日記』平凡社新書
紀州藩の酒井伴四郎：島村妙子（一九七二）「幕末下級武士の生活の実態」『史苑』三二巻、
　二号、立教大学

第二節で下級武士の勤務形態や勤務時間について実態を把握し、下級武士の拘束時間が現代の会社員に比して、かなり短くかつ休日が多かったことを確認する。第三節では、下級武士が豊富な自由時間を使って行っていた副業について実態を把握する。第四節では、副業の収入額と支出のバランス、またその暮らしぶりを見るために下級武士の食生活を考察し、とくに食材としての格付けが明確にされている魚介類に注目する。第五節では、下級武士の生活を今日的なワーク・ライフ・バランスという観点から考察する。

二　下級武士の労働時間

近代経済学では、一日の人の時間は労働と余暇に大別されるが、近世では余暇とも労働とも識別できないような時間がある。本章では、まず下級武士の本業である侍としての労働形態・労働時間の実態を把握する。

(一) 朝日文左衛門の労働時間

『鸚鵡籠中記』は、元禄四年（一六九一）から享保二年（一七一七）までの二十七年間、尾張藩の下級武士朝日文左衛門が記した日記である。朝日文左衛門は元禄七年（一六九四）に家督を継ぎ、元禄八年（一六九五）正月から父の跡目を継いで御城代組同心として勤務する。父と同じ仕事で、城の番人といえる仕事だ。

『鸚鵡籠中記』では文左衛門の勤務日が示されているが、それによれば時間帯は朝から翌早朝まで、九日目に一度勤務する仕事である。一か月に三回、年間四十回の勤務ということになる。朝から翌早朝までの勤務を二日と換算するならば、月に六日、年間八十日の勤務ということになろうか。今日の会社員の勤務時間と比べるとずいぶん少ない。

（二）尾崎石城の労働時間

忍（おし）藩（現在埼玉県行田市）の尾崎石城は十人扶持の下級武士である。正確には御馬廻役百石の中級武士であったが、安政四年（一八五七）に格下げになった。尾崎石城が文久元年（一八六一）から文久二年（一八六二）の一七八日間の暮らしを記した絵日記が『石城日記』である。石城は独身で妹夫婦と同居していた。

大岡（二〇〇七）に示される日記の一週間、文久元年六月十五日から六月二十二日まで眺めると、この一週間で、石城が武士として仕事をしたのは一日だけだ。また義弟が登城したのも一回である。このことから、下級武士は週に一、二度程度しか勤務していなかったと思われる。しかし、この週では二日間、石城は手習いの教師を自宅で行っている。この一週間の日記では示されていないが、石城は絵が得意で、その収入もあった。

日記で頻繁に登場する大蔵寺、龍源寺は町の談話室になっていて、石城だけでなく、多くの武士や町人、男も女も集った。この一週間の日記から見る限り、下級武士どうしが毎日頻繁にお互いの家を訪問し、また寺という公共の場で談話し、酒食をともにしていることがわかる。社会階層で分類するならば、尾崎石城は武士ということになるが、実際の職業は塾教師で画家の副業もしていたというのが実態であったと思われる。

（三）山本政恒の労働時間

下級武士の勤務形態が明確に示された資料は山本政恒の日記『政恒一代記』である。山本政恒は幕末、幕府の御徒として勤務した人物である。天保十二年（一八四一）生まれ、安政三年（一八五六）に養父山本安之進が病気のため、政恒が家督を継ぎ、十月六日に十六歳で御徒になる。組頭は一番組の森川久右衛門である。御徒は一組二十八人で二十組あり、合計六百人の御徒がいた。

御徒の仕事は将軍の警護である。吉田常吉校訂による『幕末下級武士の記録』によれば、日常の警護の場所は左記のように四カ所ある。ここを二十組の御徒で交代して警護にあたる。

本番：江戸城の玄関の中にある遠侍の間の奥に詰める
加番：中の口の番所に詰める
御供番：老中・若年寄の登城から退出までの警護

二の丸当番：空き御殿が多いが勤める

一組二十八人の御徒が毎日この四カ所を交代で詰めるから、一日あたり二十八人×四組＝百十二人が勤務することになる。政恒が所属した一番組は一日本番、六日二の丸、十一日加番、十六日御供番という順に勤務し、六日目ごとに仕事をすることになる。これは他の組も同じである。一月に四日、年間五十日程度の勤務ということになる。

この他、将軍が徳川の菩提寺である上野寛永寺、芝増上寺を訪問する際、鷹狩などの外出の警護がある。また水連もある。それらを考慮しても相当ゆるやかな勤務体系といえる。

そもそも江戸中期以降天下泰平の世が続いており、平和な江戸城を警護するために毎日百十二人もの御徒が必要なのか疑問である。総勢六百人の御徒を全員失業させずに、御徒の仕事をさせるためには、このようなワーク・シェアリングを行うしか他に方法がなかったのであろう。

（四）大田直次郎の労働時間

山本政恒の例にみる幕末の御徒は二十組であったが、大田直次郎が御徒をしていた明和・天明時代では必ずしもそうではない。明和二年（一七六五）から天明七年（一七八七）まで御徒は十五組、天明九年からは二十組になっているから、同じ御徒という職務でも天明・明和時代の御徒大田直次郎の勤務は、幕末の御徒山本政恒よりかはタイトであったといえる。それでも、やはり大田直次郎には勤務以外に多くの自由な時間があったといえる。

御徒の勤務時間は相当短いと考えられる。その証左が『三春行楽記』である。天明二年（一七八二）の正月一日から四月一日までの行楽記録を大田直次郎は『三春行楽記』に記している。タイトルからして初春、仲春、晩春という春季の三カ月の行楽を綴ったものであることは容易にわかるが、その内容たるや酒色耽溺の日々の記録である。

ここでは、その内容よりも大田直次郎が御徒として勤務しながら、これだけの行楽を行うことが時間的かつ経済的にどうして可能であったかのほうが興味深い関心点である。高級料亭望汰欄での宴会や狂歌会など頻繁に行っている。

『三春行楽記』によれば、当時江戸一番の高級料亭と言われる望汰欄で遊ぶこと六回、望汰欄以外の場所での宴は十七回、人形浄瑠璃観劇二回、芝居観劇一回、吉原登楼二回、詩会・狂歌会六回である。詩会・狂歌会に酒はつきものだから、詩会・狂歌会を純粋に文芸の集いと考えるよりも宴の一環とみなしたほうがよいかもしれない。

このほか詳細はわからないものの宴に芸妓をよんでいるケースも多いと思われる。

勤務に関しては何回出勤しているのか、定かではない。『三春行楽記』に何度も登場する土山なる人物であるが、土山宋次郎は勘定組頭で役人としての地位は大田直次郎よりも上である。

狂歌の世界では、土山は「軽少なごん」の狂名をもち、大田直次郎が師匠格である。土山は後に寛政の改革で「行状よろしからず」として死罪にされる人物である。

（五）渡部平大夫の労働時間

桑名藩蔵奉行の渡部平大夫は、奉行という肩書であるが、実態は米蔵の出庫係である。渡部平大夫の養子渡部勝之助は越後箱崎へ赴任し、「地方」という年貢と年貢を納める村々を管理する業務を行っていた。

二人の間には『桑名日記』『箱崎日記』として交換日記が残されている。

加藤（二〇一一）によれば、天保十三年、渡部平大夫の年間の勤務日数は二百二十六日である。逆算して年間の休日は百三十九日ということになる。現代の週休二日制のサラリーマンは一か月に八日の休日、年間九十六日の休みがあることになる。これに祝日、年末年始の休み。有給休暇などを含めたものが標準的な大企業のサラリーマンの休日であろう。

渡部平大夫の休日数は現代の大企業のサラリーマンよりも少し多い程度かもしれない。また仕事が片付き次第、帰宅できる自由裁量があった。帰宅は概ね八つ（午後二時）から七つ（午後四時）の間であった。

出勤時間は定かではないが、誰それが四つどき（午前十時）を過ぎて出勤したという記録もあることから、それほど早い時間の出勤ではなかったと思われる。

これら下級武士の例を見る限り、江戸時代の下級武士の勤務日は数日に一日か、三日に一日であり、今日の会社員の勤務日数と比べて非常に少ない。また下級武士の出社時間も遅く、退社時間も早い。

江戸の下級武士の労働時間は今日の会社員よりもはるかに短いと考えられる。下級武士にはかなり時間的な余裕があったと思われる。その時間は副業にあてられていた。

三　下級武士の副業

第二節で述べたように下級武士には武士として勤務する以外に非常に多くの時間があった。小禄のため、その自由な時間に彼らは副業を持たざるをえなかった。

下級武士の内職には、屋外では、麻布の草花の栽培、代々木・千駄ヶ谷の鈴虫・こおろぎの飼育、下谷の金魚、大久保の植木などが有名である。屋内作業では、青山の傘・提灯、巣鴨の羽根、山の手の凧張りなどが知られている。

本節では日記に見られる副業をとりあげる。

（一）渡部平大夫の副業

『桑名日記』の渡部平大夫は、加藤（二〇一一）によれば、家庭では菜園の種まきや肥料やりもすることが示されている。すなわち副業の第一は、家庭菜園を作り、食費を支えることであろう。自宅の二階は、機織り機と薪の置き場であったことから、女たちは糸をひく仕事をし、男は薪割りをしたのであろう。男たちは、網すきをした。隣の富田が網の産地であったためである。網屋から糸を渡され工賃を受け取るという副業である。

（二）尾崎石城の副業

『石城日記』の尾崎石城は手習いの教師の他、占い、画家としての収入があった。軸物絵、屏風絵、襖絵、行燈の絵など知人に頼まれ有料で引き受けていた。文久二年（一八六二）二月一日は行灯絵を三朱で引き受ける件があり、江戸ならば百疋で売れたろうにと嘆いている。一疋＝二十五文であるから百疋＝二千五百文である。

文久二年の金銀銭の相場は、『写真記録日本貨幣史』によれば金一両＝銀七十二・九〜八十二・八匁で、銭一貫＝一千文＝十一・六〜十三・五匁である。これをもとに換算するならば、銭百疋＝銭二千五百文＝銀二十九匁〜三十三・七五匁＝金〇・三五〇〜〇・四六二両ということになる。

一朱＝十六分の一両であるから、三朱＝十六分の三両＝金〇・一八七五両ということになる。すなわち、尾崎石城の嘆きは江戸であれば、金〇・三五〇〜〇・四六二両になる仕事を、その半額くらいの金〇・一八七五両で引き受けたということになる。

六月二十一日には料亭の大利楼で友人と飲食をするがそのときの料金は八百文である。石城の行灯絵の副業収入は、料亭で飲食する一〜二回分くらいの稼ぎということになる。

石城は占いも行うが、正月十一日は本見料として二百四十文を知人から受け取っている。六月十九日の日記には中屋という酒屋で友人と飲食する。メニューは塩引き、奴とうふ、さけで三百文である。占いの見料は、酒屋で飲食する料金と同じくらいである。

（三）大田直次郎の副業

大田直次郎の家は代々、御徒であり、七十俵五人扶持の微禄である。御徒というのは将軍が外出する際、警護を行う歩兵であり、組屋敷に住むことになっている。御徒の組屋敷からは文鳥の声が聞こえるという。こんな川柳がある。

「鳥かごの木になっている組屋敷」

小禄の御徒は文鳥や十姉妹（じゅうしまつ）など小鳥を飼ったり、傘張りをしたりの内職をするのが普通であったことを意味した。直次郎の家が文鳥を飼う副業を行っていたかどうかは定かではない。

大田直次郎の父正智は質素倹約の人であったが、札差から借金があった。直次郎はそんな環境の中で育ったのである。

大田直次郎の庭の様子は『車どめ』が参考になる。『車どめ』に出てくる植物は左記である。

南天、からもも（杏）、しだれ桃、柊、牡丹の花、まがきの菊、松ふぐり（松ぼっくり）、竹藪、梅。また『夏草』では夏の草木がおいしげっている様子が示される。登場する植物は、やぶからし、小百合葉、わすれ草、南天である。

さらに『巴人亭記』では以下のように植物が示される。

「柳は隣からのぞく。渋柿はあるにまかせ、草はところどころに斑に抜かしむ」

柳は隣家加藤家の植物と思われる。『隣家に贈れることば』によれば、加藤家の柳の下には桃があり、加藤家からは見えないが、大田家が見た時によく見えるように加藤氏は植木屋に剪定を依頼したとされる。これは加藤氏の人柄、直次郎の人徳とも考えられるが、直次郎は加藤氏の息子の詩文の教育指導をしている。加藤氏の息子が秀才であったことからも、直次郎は普通の手習い以上の教育をしたと考えられ、加藤氏から謝礼の意味も含まれていたと思われる。

柿に関しては直次郎宅のものか、加藤家のものか明確ではないが、大田家のものと考えるならば、大田直次郎の庭で観賞用以外の食用等家計の支えになったと推測される植物もある。

からもも、しだれ桃、竹の子、梅、柿が食用にできたと考えられる。まがきの菊に関しては「まがきの菊もしぼみつきて、菊煙草のよきむしりごろなり」という記述が『車どめ』にあるが、菊の花を陰干しにして煙草の代用にしたことから、これも家計の足しになったと思われる。これらの狂文は狂文集『四方のあか』として天明七年（一七八七）に版行されている。庭の描写はおそらく天明初期の頃のものと推測される。

直次郎の父正智は天明八年（一七八八）に享年七十三で死去。母は寛政八年（一七九六）に同じ七十三歳で死んでいる。正智が隠居したのは、明和五年（一七六八）である。正智五十三歳、直次郎二十歳のときである。直次郎は、その三年前の十七歳のときから御徒として出仕している。正智は隠居してから死ぬまでの二十年間をどのように暮らしていたのだろうか。

直次郎の記した書物からは、父正智や母利世がどのような内職をしていたかは記されていない。ただ、正智や利世が健康であったならば、敷地内で暮らしのために野菜を作っていたとしてもおかしくはない。

ところで、下級武士の自宅の敷地はどれくらいあったのだろうか。大田直次郎は『隣家に贈れることば』の中で、「われらもとより猫の額ほどの地に住めば」と記している。「猫の額」というのはレトリックな表現であり、実際にはそれほど狭くはなかったと思われる。

高柳（一九八〇）では、御徒衆の組屋敷の構造を、玄関・三畳、次に六畳、八畳、それに台所とトイレ、さらに余裕のある者は一間か二間の座敷と湯殿があったとしており、そのため、建坪は二十〜三十坪、御徒の拝領地は百三十坪と仮定するならば、かなり空き地があると推測している。御徒の組屋敷では十姉妹や文鳥など小鳥を飼う副業がさかんであったが、直次郎の父母がその内職をしていたかどうかは定かではない。

直次郎の『車どめ』では「窓につるせる手習いの草子の風にふらめき」という文章がある。これを浜田（昭和三八）は、直次郎が近隣の児童たちに手習いを教えていた証拠としている。大田直次郎は副業として若い頃は手習いの講師もしたと思われるが、文名が高まってからは、手習い講師は辞め、もっぱら文筆業を副業として収入を得たと思われる。

直次郎は狂歌師として有名であるが、狂歌の潤筆料（原稿料）はそれほど多くはなく、狂歌での収入の多くは潤筆料よりも多くの門弟から得る点料（指導料）ではないかと推測される。また潤筆料としては、狂歌よりも戯作のほうが大きかったのではないかと思われる。直次郎が一時期、戯作に力を入れた理由の一つと考えられる。

（四）酒井伴四郎の副業

酒井伴四郎は紀州での拝領屋敷の敷地内に貸家を営んでいた。店賃は一月十匁と記されている。慶應三年には四世帯に貸していたゆえ、年間四百八十匁の副収入があったことになる。慶應三年の相場は金一両＝銀百三十〜百三十一・九匁であるから（『写真記録日本貨幣史』による）、年間約三・七両の副収入ということになる。この他、伴四郎は庭に畑があり野菜やみかんを作った。

四　下級武士の食生活―下級武士が食べた魚のランク―

時代も職位も異なり一概には比較できないが、本節では下級武士の暮らしを食生活からみてみよう。

（一）酒井伴四郎の食生活

島村（一九七二）は紀州藩下士酒井伴四郎の『江戸詰日記』から、酒井伴四郎の江戸での単身赴任時代の食生活を記している。伴四郎は倹約家で、食生活の基本は自炊をすることであった。様々な魚を購入している。島村（一九七二）によれば、酒井伴四郎がもっとも、頻繁に購入した魚介類は鰯（いわし）である。鮭（さけ）・鰹（かつお）・鮪（まぐろ）と続く。

江戸時代、魚には鯛（たい）を最高ランクとして上中下の格付けがされていた。ただし、今日の我々の感覚とは必ずしも一致しない。

松下（二〇一二）に示される『黒白精味集』および『古今料理集』に従い、魚の格付けを上、中、下の三ランクで行うならば、伴四郎が主に食していた魚介類の格付けは次のとおりである。括弧内の上段が『黒白精味集』で、下段が『古今料理集』に基づく評価である。

鰯（いわし）（下、下）、鮭（さけ）（上、上）、鰹（かつお）（中、中）、鮪（まぐろ）（下、下）、鰶（このしろ）（下、下）、蛤（はまぐり）（中、中）、鯖（さば）（下、下）、鰤（ぶり）（下、下）、鮟鱇（あんこう）（上、上）、鱒（ます）（下、中）と続く。

外食は寿司十四回、蕎麦二十一回、酒と鍋四十三回で計七十八回である。一年三六五日で七十八回の外食ということは、五日に一回の割合になる。週休二日制の会社員が毎週一回外食をする感覚に近いのかもしれないが、酒井伴四郎は紀州から出てきて江戸で単身赴任という状況であり、事情は異なる。鍋料理は鰌（どじょう）が多いが、（下、中）の格付けであり高級魚ではない。

伴四郎の江戸詰手当は一年で三十九両であったが、一年間の総支出は二十三両と島村（一九七二）は判断している。鰯という安価な魚を最も多く消費していることからも酒井は倹約志向であったのだろうと思われる。

（二）尾崎石城の食生活

石城のふだんの食生活は基本的には質素である。しかし、友人と料亭や酒屋で酒宴する際には豪勢になる。石城の日記に登場する食生活における魚介類の格付けは次のようになる。やはり括弧内の上段が『黒白精味集』で、下段が『古今料理集』に基づく評価である。

鮪（下、下）、鱈（上、上）、鰯（下、下）、鮒（上、上）、蜆（中、中）、鮭（上、上）、赤貝（上、上）、鰤（下、下）、鮫（下、評価なし）、鯛（上、上）、鯔（中、中）などがあり、酒井伴四郎よりかは少し食事の格が上のように思える。

（三）渡部勝之助の食生活

通年で登場するのは鰯（下、下）、である。冬は鱈（上、上）。このほか鯖（下、下）。はたはた、塩鮭など、また子供用に小鯛、小かれいを購入している。

鯛（上、上）、平目（中、上）は招宴用か贈答用である。小鯛、小かれいのランクは不明であるが、鯛もかれいも（上、上）である。

（四）大田直次郎の食生活

大田直次郎は『三春行楽』に示されるように望汰欄に何度も出かけている。大田直次郎は天明三年（一七八三）三月四日の望汰欄の献立を『一話一言』に次のように書きとめている。望汰欄は当時江戸で一番の高級料亭と言われただけあり、その献立は豪勢である。

御吸物　唐辛子味噌　鯖　もみ大根　ねぎ
御小皿　小川たたき　葛いり酒　わさび
御香物
御肴　鯛小付　蓮根　木の芽酢
御肴　いはる　一白うを玉子鮨　ゆば　岩茸　みつば　生ずし　たで
御吸物　薄味噌　焼満中　すぎな
御膳　御汁　蕨
御烹物　むしり鯛　菜筍　麩
御焼物　もろあじ　半ぺん　うま焼
御肴　とこぶし　あなごかまぼこ　蟶（まてがい）　小ささゐ木のめあへ　さるぼ　はまぐり
御茶わん　御飯切あへ　焼豆腐
御吸物　さより　黒くわい　ぼう風
御茶わん　薄葛　こんにゃく　辛子　一豆くわい
御香物

と示されている。

ここに示される魚介類は、鯖（下、下）、鯛（上、上）、鯵（中、下）、蟶貝（上、上）、蛤（中、中）、細魚（上、上）である。括弧内は格付けである。かなり格が上の魚介類を使用していることがわかる。

大田直次郎は御徒の身分でありながら、高級料亭望汰欄へ何度も通っているのである。これは大田直次郎の副業の稼ぎが相当あったというよりかは、むしろ狂歌関係者に土山宋次郎をはじめとした強力なパトロンがいたためと考えられる。

また直次郎自身がその知名度を利用して巧みに商店のＣＭを行っていたことがある。これは何らかの見返りが直次郎にあってもおかしくはない。たとえば、大田直次郎は天明四年（一七八四）に『料理献立頭てん天口有』を版行している。

望汰欄と他の江戸中の料亭が料理合戦をするという他愛のない黄表紙である。最後の戦で本善が出てくると、天から大きな口が出てきて、料理を食べてしまう。天に口と書いて「呑む」という字になるであろう。という話だが、何のことはない。料亭望汰欄の宣伝にほかならない。大田直次郎が望汰欄の主人宗助と懇意であったからだ。

望汰欄は江戸一番の高級料亭であると直次郎は自分の本の中でお墨付きを与え、自らそこで遊興しているのである。大田直次郎の狂名「四方赤良」も江戸の有名な酒屋、四方久兵衛の店の銘酒「滝水」が「四方のあか」と呼ばれたことにあるからとも言われている。ペンネーム自体が酒屋の広告になっていたのである。

有名な文化人が、ペンネームや自著で店の宣伝を行うということに対して、何らかの方法でCM料は支払われていたのではないかと推測される。これは、直次郎がその店を訪れたときに特別の低料金で利用することができるなどの便益も含まれるであろう。

直次郎が四方久兵衛から広告料を受け取っていたとしても何ら不思議ではない。直次郎が象牙の塔の学者でもなければ、気難しい芸術家肌でもなく、頭の固い役人でもなく、ビジネス・センスを備えたバランス感覚のある人物であったことがうかがえる。

大田直次郎の『金曽木（かなそぎ）』には酒の価格が次のように示される。

「余が稚なき頃、酒の価一升百二十四文を定価とす。賤しきは八十文、百文もあり、中頃百四十八文、百六十四文、二百文にいたり、二百四十八文ともなれり。これは明和五年（一七六八）戊子より、南りょう四文銭出来て、銭の相場やすく、物価高くなれるなり」

文政七年（一八二四）刊行の『江戸買物独案内』には、新和泉町の四方久兵衛の店の広告もある。そこには銘酒滝水の代金は三百文と示されている。銘酒滝水は別名、「四方のあか」と言われ、直次郎の狂名、四方赤良のもとになっている。

『三春行楽』では、三月に初鰹を食す記録がある。山東京山の『蜘蛛の糸巻』では初鰹の価格を天明の頃の価格として一本二両二分で、「今日は安し」としている。さらに、初鰹は高価であるが、秋になって「二両、三両をなさず」という記述がある。

このことから判断するならば天明二年（一七八二）三月に大田直次郎が土山と食した初鰹は一本二両以上もする高価なものであったと推測される。

五　下級武士のワーク・ライフ・バランスと心の豊かさ

今日、ワーク・ライフ・バランスという言葉がしばしば用いられる。仕事と生活の調和ということである。内閣府は仕事と生活の調和が実現した社会を、「国民一人一人が、やりがいや充実感を感じながら働き、仕事上の責任を果たすとともに、家庭や地域生活などにおいても、子育て期、中高年期といった人生の各段階に応じて多様な生き方が選択・実現できる社会」と定義し、具体的に目指すべき社会として左記三点あげている。

①就労による経済的自立が可能な社会
②健康で豊かな生活のための時間が確保できる社会

③多様な働き方・生き方ができる社会

これらを近世の下級武士について考えてみよう。

近世の下級武士のほうが、今日の会社員よりも自由な時間が十分に確保され、また副業を持つことによって多様な働き方・生き方をしているように思われる。つまり江戸時代下級武士の社会は、現代の会社員の社会よりも「健康で豊かな生活のための時間が確保できる社会」で「多様な働き方・生き方が選択できる社会」と言えるような気がする。

尾崎石城は十人扶持の小禄であるが、ずいぶん「豊か」な暮らしをしているといえよう。ほぼ毎日、友人が自宅へ来るか、もしくは石城が友人宅へ行く。

ほぼ毎日、行く寺が二軒あるが、これは礼拝に行くのではなく、歓談のためにゆく。そこには武士だけでなく町人も、男も女も地域の住民が集まり歓談している。寺は地域住民が集う憩いの場所だ。こういう寺のあり方は現代の寺も参考にすべき点があるように思われる。

わずか二十八文の銭を知人から借り、また単衣(ひとえ)しかなく、袷(あわせ)の着物（裏地つきの着物）がないため仮病をつかって欠席するなどという貧しさにもかかわらず、八百文や三百文という料金を払って料亭で友人たちと酒食をしている大らかさが石城にはある。困っている人がいれば助け合うという人としての豊かさがある。これは時間と心に余裕がなければできないことである。

しかし、これは個人的資質の問題とも言えるかもしれない。尾崎石城という人が楽天家で社交的ということだ。大田直次郎の交際範囲の広さ、したたかなビジネス・センスなどに関しては例外的ともいえる。平均的な下級武士の生活はもっと悲惨であったのかもしれない。

たとえば『鸚鵡籠中記』では次のような記録が記されている。

「御鉄砲張り松屋半佐衛門、身上罷りならざる由に書置き逐電す。父の半九郎、去々年貧故に自殺し損じて今御預けなり。半九郎のとき、三十石五人扶持にてさえ貧なるに、いま十石へりたる故にいよいよさしせまるという」

下級武士が貧しさ故に自殺未遂や逐電するという事件が起きているのである。

石城のような楽天的な生活がおくれるのは、石城の性格もさることながら、絵の才能で副収入を得ることができたからであろう。

ワーク・ライフ・バランスの観点からは、近世下級武士の世界は心の豊かさや地域との絆があった社会とも言える。しかし、限られた史料での分析であり、あくまでも副業で豊かな才能を発揮できた下級武士に関して言えることなのかもしれない。

第七章　江戸の格差と幸福

一　はじめに

文豪トルストイの名作『アンナ・カレーニナ』（中村白葉訳）は、次のように始まる。

「幸福な家庭はすべてよく似かよったものであるが、不幸な家庭はみなそれぞれに不幸である」

すなわち幸福というものは、どこの家庭でも同じようなものであるが、不幸は様々であることを示している。このことはグラハム（二〇一三）の記述とも整合的である。グラハムは幸福には簡単なパターンがあることを次のように述べている。

「安定的な結婚生活、健康、十分な（それでいて過剰でない）所得などは幸福観にプラスに働く一方、失業、離婚、不安定な経済状態は幸福感にマイナスに働きます。（中略）幸福感の決定要因が安定していることによって、これらの要因を一定として、その他の異なる要因が、個人間、社会経済的な階層間、あるいは各国間でどのように幸福度に影響するかを分析することができます。その他の要因には、たとえば、格差や政治構造といった制度、環境の質や通勤時間、運動、飲酒、喫煙といった行動があります」

つまり幸福は計量経済学の分析対象となりうるのである。近年、各人の（アンケートなどによる）幸福度を被説明変数とし、所得、年齢、教育水準、失業や離婚の有無等を説明変数として、人々の幸福度についての実証分析が経済学の分野で行われるようになってきた。

残念ながら、江戸時代にこのような幸福度のアンケートは筆者の知る限り実施されていない。江戸の人々がどの程度、幸福であったか幸福度を測定するのは困難である。

江戸は四民（士農工商）という身分に分かれており、一般に格差が大きいイメージがある。格差が大きな社会は幸福度が低いと考えられるのが普通である。ならば江戸は幸福度が低い社会であったのであろうか。

本章の目的は江戸の庶民の幸福度を比較し、さらに今日の非正規職員について示唆されることを考察することにある。江戸時代の庶民として下級武士、職人、商人の三例を比較考察する。江戸時代は四民と呼ばれる士農工商に分かれる。工商あわせて町人という。

庶民という場合、通常は町人を示すが、本章では下級武士も含めて庶民と呼ぶことにする。なぜならば下級武士は俸禄もステータスも低く、副業をもった暮らしが普通であり、自宅庭では家庭菜園で野菜をつくり、豊富な余暇時間で様々な内職に精を出す姿は町人と変わらないからだ。これは武士の町人化と言えよう。

下級武士の例として御徒の大田直次郎、職人として大工の例、商人として俸手振を例にする。

幸福度は経済的な収入とその他の要因に分けて考えることにする。

下級武士という用語の厳密な定義はないが、御家人を想定している。現実には御家人よりも禄の低い旗本もいるし、浪人という武士もいるが本章に関しては考察の対象から外している。本章の構成は以下のとおりである。

第二節で下級武士（御徒）の例、三節で職人（大工）の例、四節で商人（棒手振）の例をあげ、五節で幸福度の比較をする。六節は江戸の庶民の幸福と現代の非正規社員について思うことを述べる。七節は結語である。

二　下級武士の例―御徒大田直次郎―

まず下級武士についてであるが、大前提となる武士の数からみてみよう。三田村鳶魚によれば、享保七年（一七二二）調査では旗本二六七〇人、御家人一九八三九人であり、文化九年（一八一二）調べでは、旗本五二〇五人、御家人一七三九九人である。江戸中期も後期も人数に大きな変動はなく、幕臣の合計は二万有余となる。

巷でいわれる「旗本八万騎」とは幕臣の家臣（陪臣）を含めた数のことであろう。幕臣の数の単位を「人」ではなく「騎」とするのは騎馬を想定しているからだ。

高柳（一九八〇）によれば、御家人の禄で最高は、古参町与力の二百三十俵である。また最低は、評定所使之者で八俵一人扶持勤金一両二分である。御家人の俸禄はさまざまである。

御家人の俸禄の例として時代劇などでおなじみの仕事を二つ紹介する。

捕り物帳に頻繁に登場する町奉行の下に町与力、町同心がいる。町与力・町同心はいわゆる「八丁堀の旦那」と呼ばれ、今日の警察に該当する。町与力の俸禄は百二十俵〜二百三十俵で、町同心の俸禄は三十俵二人扶持である。御庭番は、将軍の近くで隠密の御用をする。TV「暴れん坊将軍」では八代将軍吉宗の密偵として毎回登場するが、百俵二十人扶持である。

御家人の俸禄は様々であるが、本章では七十俵五人扶持の御徒の例を分析対象として用いる。御徒とは、鷹狩の際に将軍の護衛をしたり、江戸城の警備を行ったりする仕事である。狂歌師・漢詩人・漢学者として有名な大田南畝（蜀山人の号のほうが有名か）の本業でもある。南畝の武士としての名前は大田直次郎である。その禄は七十俵五人扶持であった。

蔵米取りの「俵」は、春・夏・冬の年三回に分けて支給されたので切り米ともいうが、今日の給料体系で言うならば、本給にあたる。「扶持」は家族手当・使用人手当ということになる。

御徒の年収を二つの方法で円換算してみよう。

一人扶持は、一人玄米五合、三百六十日と考えると千八百合、つまり一石八斗（十八斗）となる。一俵を三・五斗とする（三田村鳶魚）と一人扶持は五・一四俵で、五人扶持は二十五・七俵となり、本給の七十俵と合わせると直次郎の年収は九十五・七俵である。一俵の重さも諸説あるが、六十ｋｇとして換算すると年収の米の重量は五七四二ｋｇになる。

江戸時代は玄米、今日は白米であるため前提条件は異なるが、現代の米の市場価格を十ｋｇで四千円とするならば、大田直次郎の武士としての年収は約二百三十万円ということになる。

もう一つの方法は幕府が公表している米相場による換算方法である。大田直次郎が御徒出仕したのは十七歳のとき、明和二年（一七六五）である。明和二年の幕府による米相場（「御張紙相場」という）は百俵につき四十両であった。よって御張紙相場にもとづくならば南畝の年収九十五俵は三十八両と考えられる。

一両の値打は時代や計算根拠・方法によって異なり、今日の価格に換算するのは相当困難である。日銀金融研究所貨幣博物館ＨＰでは十八世紀を前提に、米価から推測すると一両＝六万円、大工の賃金水準から判断すると一両＝三十五万円としている。簡便法でも一両の換算を三万円、五万円、十万円、十八万円等諸説ある。一両＝三万円と仮定するならば、大田直次郎の年収は百十四万円になり、一両＝十八万円と仮定すると六八四万円ということになる。

三　職人の例―大工―

職人の例として『文政年間漫録』より、大工の家計収支について引用する。

文政年間は一八一八～一八二九年のことである。

大工手間賃は一日銀五匁四分とする。正月・節句・物日・風雨などで六十日休むとして、年間稼働日を二九四日とする。

年間収入　五・四匁×二九四日＝一五八七・六匁＝銀一貫五八七匁六分である。

計算の簡便化のために、金・銀・銭の交換比率を金一両＝銀六十匁＝銭六千文とする。

仮に一両＝十八万円、一匁＝三千円で円換算すると大工の日当は一万六千円、年収は四七六万円となる。

ただし江戸時代、大工は職人の中で最も高給取りとされていることに留意する必要がある。つまりこの年収は職人の平均的な数値ではなく最高値ということだ。

この大工は家族三人（夫婦、子供一人）で、四畳半二間の借家に住んでいる。年間の支出は次のように示されている。

飯米代	銀三五四匁（一〇六万円）
店賃（家賃）	銀百二十匁（三六万円）
調味・薪炭代	銀七百匁（二一〇万円）
道具・家具代	銀百二十匁（三六万円）
衣服費	銀百二十匁（三六万円）
交際費	銀百匁（三〇万円）
合計支出	銀一貫五百十四匁（四五四万円）
残額	銀七十三匁六分（二二万円）

大工の手間賃は一日五匁から五匁五分であったが、大火などで手不足になると十匁にも高騰した。江戸は火事が多い。贅沢禁止ということで八代将軍吉宗まで庶民の瓦葺が禁止されており、また江戸の冬は乾いた風が強く、いったん火が出ると江戸は大火になった。

大工の手間賃が大火のあとは通常の倍になったとすると、一両＝十八万円で換算するならば、日当は約三万円、年収は一千万円近くもあったことになる。

四　商人の例―棒手振（野菜売）―

江戸の野菜行商人（棒手振）の収支例を同じく『文政年間漫録』より引用する。一文＝三十円で換算する。

朝七百文（二万一千円）でカブラ、大根、蓮根、芋などを仕入れる。一日行商し、一貫三百文（三万九千円）の売上に精米代二百文、味噌・醤油代五十文、子供の駄菓子代十三文、これら生活費と仕入れ代金七百文を引くと三百三十七文（約一万円）が手元に残ることになるが、その一部は酒代にする。残りは百文か二百文（六千円）ぐらいになるであろうか。

七百文の商品仕入れ代金がなければ、金貸しから七百文を朝借りて、夕方に一日分の利息二十一文（百文につき一日三文の利息）だから、自己資金がなくても何とかなる。江戸の棒手振は毎日借金をして商品を仕入れて販売しても利益があると述べている。ただし雨風の日に働けないことも考慮しなければいけない。

前述の大工と収入を比較するためには、棒手振の場合は一日の売上高から仕入原価と金融費用を控除した額（一貫三百文―七百二十一文＝五七九文）で比較する必要がある。

一日の儲けは一万七千円、大工と同じ二九四日働いた場合の年収は五百十万円で、棒手振のほうが大工よりもわずかに収入は多い。しかし江戸は火事が多く、大火の後、大工の手間賃が高騰することを考慮するならば、やはり大工のほうが高給取りといえよう。

五　江戸の幸福度比較

大工と御徒の幸福度を比べてみよう。収入だけでみた場合、大工と御徒には大差がないように思われる。ただし経済的に考慮すべき調整点がいくつかある。

まず武士のプラス要因をみてみよう。

①武士は家屋敷を拝領しており家賃の心配はなかった。それどころか拝領屋敷の一部を転貸して家賃収入を得る者もいた。これは黙認されていたようである。

②武士は敷地で野菜を作るなど家計を支えることができた。長屋暮らしの町人には野菜を作る土地がない。

③下級武士は三番勤め（三日に一日働くだけ）と言われる時間に余裕のある働き方である。余暇時間を内職にあてるなどして収入を増やすことができた。

次に武士のマイナス要因を考える。

①大前提として武士は給料を米でもらい、大工は貨幣でもらうという違いがあることだ。武士は米を売却して金に換えない限り生活できない。このため米価の変動が武士には大きなリスク材料となる。この米遣い経済と貨幣経済の混在は江戸時代を通じての大きな経済問題である。当時の俸禄を今日の年収に換算しにくい理由の一つがここにある。

②武士はランクに応じて必要な家来を連れて出かけなければならず、身分相応の付き合いや衣服も必要であったため、出費が大きい。

さて、大工はどうであろうか。大工のプラス要因を考えてみよう。

①火事で手間賃が高騰することが頻繁にあったと考えられ、収入は上記計算以上と考えられる。これは左官なども同じである。

②武士のように家来を持つ必要はなく、付き合いなどの費用は抑えることができた。

大工のマイナス要因としては次のようなものがあろう。

①持家がなければ、武士と異なり家賃が必要であること。

②大工道具一式など仕事のランニングコストが必要である。

③下級武士に比して余暇時間は少ない。

さて、経済的要因以外で幸福度を比較してみよう。

下級武士は多くの余暇時間がある。今日でいうワーク・ライフ・バランス的な生き方が可能である。本業ではいつまでも下級武士だが、大田直次郎は江戸の文化人の大御所蜀山人として有名である。下級武士として武士の世界で評価されなくても副業の世界で自分の生きがいを見出すことが可能である。

これに対して職人は努力次第で本業の中で、その腕を評価されリスペクトを得ることができる。事実、大工は江戸の職人の中でもっともリスペクトを得る仕事とされている。職人にも様々な仕事があり、また武士も米ではなく現金支給の武士もおり、サンピンと揶揄される最下層の武士は給金三両一人半扶持である。

婚姻に関して、武士の世界は窮屈である。町人の恋愛は比較的自由であり、また女性の数が少ないため長屋暮らしの庶民の世界では実質、女尊男卑である。女性にとっては案外楽しい暮らしであったかもしれない。いわゆる「三行半（みくだりはん）」はテレビドラマや映画では、夫が妻に突きつけて妻を家から追い出すときの描写に使用されることが多い。

しかし、武士以外の庶民の世界では、実際は妻が甲斐性のない男を捨てて、他のよい男のところへ行くときに、後々トラブルにならないように離縁したことを明確に示すために、夫に発行させた証明書と解釈すべきであろう。

下級武士が多くの余暇時間をもち、様々な時間の使い方をしたことは経済社会の発展を考える上で興味深い。大田直次郎は狂歌を詠んだが、田沼意次の天明時代に狂歌会を頻繁に開いた。詩と酒はつきものである。当初は宴の席で詠み捨てであった狂歌を浮世絵と併せて狂歌絵本として出版した。この立役者は蔦屋重三郎である。

このように自由時間の多い下級武士の娯楽・文化から文化産業が勃興したのである。ワーク・ライフ・バランスについては今後、わが国が重視しなければいけない項目である。

ＯＥＣＤ（経済協力開発機構、本部はフランスのパリ）の「より良い暮らし指標（BLI：Better Life Index）」では豊かさに関する複数の主観指標や客観指標を国際比較している。その項目は、住宅、収入、雇用、共同体、教育、環境、ガバナンス、医療、生活の満足度、安全、ワーク・ライフ・バランスという十一の分野にわたる。

二〇一四年版「より良い暮らし指標」では、環境の質、住宅、市民参加、主観的幸福、ワーク・ライフ・バランス、健康状態の項目で日本はＯＥＣＤの平均を下回っている。

二〇一七年版指標のワーク・ライフ・バランスの項目において、長時間労働の割合は、日本は二十一・八一％でＯＥＣＤ加盟国三十五カ国中、三十三位であり、ＯＥＣＤの平均十二・六二％を大きく上回っている。

江戸時代下級武士の働き方はワーク・ライフ・バランス向上に参考になると思われる。

六　現代の非正規雇用

江戸時代の下級武士と町人のどちらが幸福であったかという比較は難しい。だが、貧乏でも社会的なステータスや権力は下級武士にあり、実際に富裕な商人の中には御家人株を金で買った者もいた。武士という社会的地位に四民の最低ランクに位置づけられた商人の中には強い憧れをもった者もいたのであろう。

熊沢蕃山は、米遣い経済と貨幣経済混在の社会では武士はますます貧しくなり、富むのは商人だけと嘆いた。才覚のある町人は自由と富を（努力すれば）得ることができた。札差から借金を抱えて何とか体裁を繕う貧しい武士を江戸の町人はひょっとすると憐憫のまなざしで見ていたのかもしれない。

下級武士は、町人よりかは高いステータスと豊富な余暇時間で、実際は町人化した生活を送ることができた。ほんの一部の上級武士は富と権力を入手できたが窮屈な生活であった。

江戸時代が二百六十年続いた理由は、徳川が力で支配したというよりも幸福という無形の富が偏在しておらず、幸福の形は異なるとはいうものの、人々にほぼ平等に存在したため、革命・クーデターを起こす爆発するような不満が国民に生じなかったのではないかとも考えられる。ただし江戸時代にも仕事につけない武士はいた。データや記録に残っていない浪人の実態などは定かではない。

先日、久しぶりに映画『シカゴ』を見た。二〇〇三年の映画だ。当時見たときは気にならなかったが、先日見た際、少し気になったことが一つある。

If you can not be famous, be infamous.

という言葉が示すように殺人事件を犯したヒロインがあらゆる手を用いてスターにのし上がってゆくストーリーだからやむをえないかもしれないが、ヒロインのさえない夫役エイモスが物語の中とはいえ可哀想で仕方がなかった。エイモスはこう言う。

「俺は修理工場で一日十四時間も働いているのに、女房は飴玉なめて、遊び回っている。だましやすいと思ってたんだろう」

ヒロインは浮気し、浮気相手を殺すという殺人事件を犯すが、善良で自分に首ったけのさえない夫を何度も利用しようとする。ここが憐れだ。つまりこの善良な夫は貧しく、労働時間も長く、しかも女性にももてずに、悪妻に利用され捨てられる。

善良な夫にミゼラブルな状況を揃え過ぎている。一方、悪妻は敏腕（悪徳）弁護士とうまく裁判で無罪を勝ち抜き、スターになってゆく。思うに、幸福は一人勝ちしてはいけないし、またすべてミゼラブルという状況の人間も生みだしてはいけない。

公儀が意図的に幸福を偏在させない工夫をしたわけではないであろうが、江戸時代の庶民には結果的に幸福という点に関して格差が少ないように思われる。しかしながら今日でも幸福度を経済分析するためには様々なデータやアンケートが必要である。江戸時代にそのような資料があるわけでもなく、筆者の推測の域を出ない。

翻って現代の非正規雇用について考えてみよう。平成三十年十一月六日付の総務省統計局による平成三十年七～九月期平均（速報）の「労働力調査（詳細集計）」によれば、役員を除く雇用者数は五六一八万人である。この内、正規の職員・従業員は三五〇〇万人、非正規の職員・従業員は二一一八万人である。非正規の職員・従業員割合は三七・七％である。実に雇用者の四割近くが非正規の職員・従業員なのである。男女別にみると男性の二二・〇五％、女性の五五・七七％が非正規である。

非正規社員と正社員の間には生涯賃金に大きな開きがでている。政府が国民一億総活躍を望んでも二一一八万人の非正規社員の人々に活躍できる機会は与えられているのだろうか。

非正規社員にも社内教育の機会を与え、スキルを磨く機会を与え、昇進昇給の機会を拡大すべきであろう。逆に雇用者は組織に所属しない生き方を目指すのも今後の社会のあり方なのかもしれない。これは働く者は全員自営業を行うという意味になるが、二つ以上の組織に重複して所属する生き方、つまり副業・兼業を行う働き方とも解釈してもよいであろう。

一億の国民が全員生きがいを感じて活躍するためには、現在の非正規社員の増大に対して何らかの対策を講じる必要があろう。

七　むすびに

江戸は四民（士農工商）という身分が明確に区分されている。江戸では、四民の間にある格差がむしろ社会の幸福度を高めたとも考えられる。

下級武士は微禄であるが、膨大な余暇時間があり、ワーク・ライフ・バランスを保つことができたといえる。町人は武士よりも社会的地位は低い。しかし才覚さえあれば富を得ることができた。実際に尊敬を受けたのは、二本差しをさして威張るだけの役人ではなく、才覚のある町人であっただろう。また婚姻などの自由度は町人のほうが高かったであろう。

外交、国防という観点から見るならば嘉永十六年（一六三九）ポルトガル船の来航を厳禁し、鎖国の総仕上げが行われ、寛政四年（一七九二）にロシアのラクスマンが根室に来航し通商を求めるまでの百五十年間が天下泰平といえるであろう。

その後はしばしば列強の脅威を感じる事件があり、天保十一年（一八四〇）東アジア世界の激動を告げるアヘン戦争が勃発し、嘉永六年（一八五三）ペリーが浦賀へ来航し、安政三年（一八五六）にはハリスが下田に入港しいわゆる「砲艦外交」を行った。

しかし、列強の脅威は必ずしも日本全国の四民が感じていたわけではなく、大坂冬の陣、夏の陣で豊臣氏が滅亡した元和元年（一六一五）から、大政奉還、王政復古の大号令が発される慶應三年（一八六七）までの約二百五十年間、「徳川の平和」が続いたといえよう。

江戸の四民という一見格差のある社会は、富と権力を分散し不満の度合いを下げ、長期間続いた「徳川の平和」の要因の一つといえる。

しかし庶民の比較考察の中で農民に関する分析は本書では行われておらず今後の課題としたい。

第八章　江戸の金貸し

一　はじめに

本章の目的は、江戸時代の貸出業について、各々の貸出業を比較し、さらに現代の貸出業と比較分析することにある。

本章の問題意識は三点ある。すなわち、①市場の分断、②貸出手法、③貸出金利である。現代においても、メガバンクと信用金庫の貸出先は明らかに異なり、曖昧な境界線ではあるが、現代のわが国では漠然とした形ではあるが、貸出市場は分断されていると言ってよい。すなわち、大企業はメガバンク、中堅企業は地方銀行、中小企業・零細企業は信用金庫、信用組合と取引をする傾向がある。個人ローンは業態に無関係に銀行で借り入れする。銀行で借り入れできない企業や個人はノンバンクを頼るというのが現代の状況であろう。

さらに、地理的な貸出市場の分断も証明されており、実務家が用いる低金利をさす「名古屋金利」「京都金利」などの言葉も市場が分断されており、貸出市場が全国市場でないがゆえに、裁定取引が起きずに、中部地区のような低金利圏が存在すると考えられている。

士農工商の身分差別が明確な江戸時代の貸出市場は、利用者、すなわち借り手によって明確に市場が分断されていたと考えられる。問題意識の第一は、利用者による市場分断を明らかにすることである。

問題意識の第二は、江戸時代の貸出手法・貸出技術を現代のそれと比較することである。G.Udellらの研究によれば、一般の企業に対する貸出手法は大きく二つに分かれる。リレーションシップ貸出とトランザクション貸出である。リレーションシップ貸出はソフト・インフォーメーション（定性的情報）に、トランザクション貸出はハード・インフォーメーション（定量的情報）にウエイトが置かれている。

トランザクション貸出は、さらに3種類に分類される。財務諸表準拠貸出、ABL（Asset Based Lending）そしてクレジット・スコアリングである。

財務諸表準拠貸出は、CPA監査などオーサライズドされた信憑性のある財務諸表に基づく貸出手法であり、ABLは動産担保貸出である。クレジット・スコアリングは統計的手法を用い、スピーディに貸出審査を行う手法である（詳細は拙著『地域密着型金融の限界とフィンテック』を参照されたい）。このような貸出手法における現代の分類方法の概念を江戸時代の貸出技術の考察に適用しようという試みを行う。

本章の構成は以下のとおりである。第二節で日一文、三節で烏金、四節で札差、五節で両替屋、六節で金主・銀主を貸出業として例にとり、それぞれとさらに現代の貸出業とを比較しなから、①市場の分断、②貸出手法、③貸出金利という三つの問題意識にもとづき考察する。第七節はむすびにあてられる。

二　日一文

喜多川守貞『近世風俗史』から、日一文に関する記述を抜粋して、次のように示す。

「あした（朝）に銭百文を借り、夕べに百一文を還す故に百一と云ふ。一、二百文より、おほむね、一貫文を限りとす。諸物を担ひ売るの徒は、あしたに四、五百文借りて、あるひは菜蔬その他小価の物を担ひ巡りて一日の費を得て、晩に四、五文を加へてこれを還すこと、難しきにあらず」

このことから、日一文と呼ばれる貸出は、当日の朝に借入し、当日の晩に返済する一日限りの貸出で、対象者は「諸物を担ひ売るの徒」と記されていることより、棒手振が中心であったと思われる。江戸時代の棒手振りの代表格は、日本橋の魚河岸から魚を仕入れ、天秤棒に担いで魚を売る魚屋であったが、魚屋に限らず、野菜なども売った。

魚屋を想定するならば、朝、日一文という手法で金貸しで銭を五百文借り入れ、それを商品

（魚）仕入れ代金として、魚河岸で魚を仕入れる。冷凍保存のない江戸時代のこと午前中は仕入れた生魚を売り、午後は干物を売ったと考えられる。それで数百文を売上げ、商売の元手に借りた五百文と利息の五文を金貸しに返済し、残りを生活費、さらに明日の商売の元手としたという江戸時代の棒手振りの生活が推測される。

この貸出は、貸出期間一日、対象は棒手振りに代表される零細商人、資金使途は経常運転資金ということになる。

三　烏金（からすがね）

『近世風俗史』から、烏金（からすがね）についての記述を引用する。

「これは一日夜を貸すなり。今日貸して、明日これを還すなり。夜明け烏啼けば必ず還すを法とする故に、からすがねと云ふ。これを借用する者定まりなしといへども、芝居茶屋・引き手茶屋および食店等、事に臨んで一時を便ぜんがためにこれを借りる」

ここで資金使途の例として引用されている芝居茶屋は芝居街にある茶屋であるが、芝居（おもに歌舞伎）を上等席で見物するためには、芝居茶屋を通さなければならなかった。

舞台が終わったあとで、贔屓の役者に会うこともできた。これは高額な費用がかかることを意味した。引き手茶屋とは、吉原の遊興の手引きをする茶屋のことであった。総籬（そうまがき）や半籬（はんまがき）と呼ばれる吉原の高級妓楼へ登楼するためには、直接行くのではなく、茶屋の若い者に案内されて行くのがしきたりになっていた。江戸時代、「茶屋遊びに夢中になる」とは、この引き手茶屋通い、すなわち吉原通いに夢中になっていることを意味した。

したがって、上記『近世風俗史』の例は、芝居を上等席で見物し、吉原の高級妓楼で遊ぶなどの遊興費に対する貸出ということが推測される。烏金とは当時の遊興である芝居や吉原通いなどの遊興費をオーバーナイトで貸すという金融だったと考えられる。

「事に臨んで一時を便ぜんがため」すなわち夕方からの遊興のため、夕方借りて、翌朝の暁烏がなくまでの返済という資金であり、商売の運転資金代を貸した日一文と対照的である。同じ町人を貸出の対象としても遊興費用と商売の運転資金では貸出の種類が異なっていたと考えられる。これらはスポット的な借入であったと思われる。

烏金に関しては、上記のように翌朝の暁烏が返済期限というオーバーナイト貸出と考えるのではなく、当日の朝借りて、当日の棲烏（せいう）の鳴くまで、すなわち当日の夕方までの返済締め切りという説もある。『文政年間漫録』から烏金についての引用を示そう。

「暁烏の声きくより棲鴉の声きくまでを期とす、利息は百文に二文とか三文とか云ふ、一両に二百文の利息、然も一日の期なり」

『三田村鳶魚江戸生活事典』では「烏金と言いまして、朝借りて、夕景に返す」と述べており、『文政年間漫録』と同様、返済期限は明け烏の鳴く朝ではなく、夕烏の鳴く夕方の意味で使用しているようである。オーバーナイト貸出ではなく、当日が期限である。

『世事見聞録』では以下のように烏金について述べている。

「烏金といふは、朝烏の啼きだす頃貸し出して、夕晩烏の塒（ねぐら）に帰る頃取り返すをいふ。わづか一日の融通に一カ月に当たる高利を取るなり」とある。

烏金に対するこの二種類の定義に関して、北原（二〇〇八）では「烏金は明けがらすのカアで借り、暮れのカアまでに返すからだとも、翌朝のカアまでとも言われている」と言及し、さらに「いずれにしても一日のうちに借り返しが済む物ものである」と述べている。

朝の六時に借りて夕方の六時に返却する場合も、夕方の六時に借りて、翌朝の六時に返しても、ほぼ人間の一日の活動時間の十二時間の間であるという江戸時代的な発想からすれば、どちらも同じ一日の借金であると言えよう。昼間の商売の元手になるか、夜の遊興費の軍資金の相違である。これは不定時法を用いていた江戸の発想といえよう。

すなわち江戸の明け六つの鐘は、夜明けを知らす鐘であるため、夏至の頃の明け六つは午前五時ころであり、冬至のころは午前七時ころになる。逆に暮れ六つの鐘は日没を意味し、夏至の頃は午後七時ころ、冬至のころは午後五時ころを意味し、日の出から日没まで、太陽が出ている時間が人の働く時間であるという認識があるからであろう。

現代とは大いに時間の感覚が異なり、金利計算の概念も異なっている。現代では翌朝返却すれば、オーバーナイトの貸出になる。また銀行のATMで（時間外手数料がないと仮定するならば）、朝八時に総合口座をマイナスにして現金を引き出し、夕方六時に入金しておけば、貸越利息はまったくつかない。当日の最終貸越残高を貸越残高として利息の計算を行うからだ。

『文政年間漫録』では、この烏金が貸し手はもちろんのこと借り手も損をする金利ではないことをさらに次のように続けて示している。

「一月に六貫の割と知る、但し、借人は七百の銭にて一日に一貫二、三百文にも売りあげるゆえ、七百文の銭に二十一文の利息を除て、其外に五百七十五文の稼ぎあり。依て借も貸も共に利ありて損なし」

借り手は七百文の銭を元手に商品を仕入れ、一日の売上は一貫二百から一貫三百文（つまり千二百文から千三百文）ぐらいある。よって千三百文の売上から、七百文の元金返済と二十一文の利息を引けば五七九文になる。借り手にとって損のない儲けが手元に残ったとしている。

『文政年間漫録』では、文政年間（一八一八〜一八二九年）の野菜売りの生活を述べているが、一日の儲けが四百〜五百文で、支出は米代が二百文、味噌塩等が五十文、子どもの菓子が十二〜十三文、店賃（長屋の家賃の意）三十六文と例示している。

これらの支出を差し引くと野菜売りの一日の手取りは百〜二百文ということになる。さらに「酒の代にや為けん、積て風雨の日の心充にて貯ふるらん、是其日稼ぎの軽き商人の産なり」と述べ、この百〜二百文は酒を飲んだり、風雨で棒手振りの仕事ができない日のために貯金したりすることになると述べている。借り手が返済できればそれで妥当と考えているかのように思える。江戸時代にも法定利率は存在した。『御定書百箇条』に「家質(かじち)諸借金利足、一割半以上の分は一割半に直すべし」として、法定利率が十五％である旨が記されている。寛保元年（一七四一年）のことである。

四　札差(ふださし)

札差(ふださし)は享保九年（一七二四）七月、株仲間結成を認め、専門業者として公認された。八代将軍徳川吉宗の時代である。当初は組合員一〇九人であった。

この享保九年（一七二四）は、幕府が諸大名・幕臣に倹約令を発布し、また諸物価の値下げを命じた年である。同じ年に、幕府は瓦葺の土蔵造りを奨励しており、これは質素倹約令に矛盾するようであるが、江戸で頻繁に発生する大火の延焼を防ぐための一つの政策であった。当時、民家の屋根の多くは柿葺（こけらぶき）であった。柿葺とは薄く削いだ板を重ね、その上に萱（かや）・藁（わら）・杉の皮などを置いた屋根であるため、火の粉が屋根に落ちると火事が広がっていった。

札差は蔵宿ともいう。浅草の幕府米蔵周辺で、給米幕臣の世話をしていた業者である。彼らの業務は三つある。すなわち①給米の受け取り代行、②払い米の世話、③金貸しである。米蔵から給米される幕臣は知行所を持たない小身の旗本、御家人である。蔵米取りは年に三回、二月と五月（御借米）、十月（御切米）に行われる。①は、給米幕臣たちの便宜をはかり給米の受け取りを代行する業務である。

幕臣たちの多くは、とりあえずの飯米だけを受け取り、残りは売却して現金化した。②は、この払い米の世話をする業務である。③は、給米を担保として、幕臣たちに行った貸出業務である。いわば、間違いなく支給される国家公務員の給料を担保にして貸出を行うことと同じである。これら三つの業務を当初から行っていたわけではなく、次第に業務拡張し、③の貸出業務も行うようになったと考えられる。この背景には江戸に多くの人が集まり、貨幣経済・市場経済化の進展とともに消費が刺激されたことがあろう。にもかかわらず、武士の家禄は先祖代々よほどのことがない限り変わらないのである。

江戸時代に倹約令が発せられるのは、人々の消費が活発になってゆくことの証左でもあった。武士は参勤交代を命じられ、江戸へ出てきた田舎の武士たちは、田舎者の常であるが、田舎者であることを悟られ浅葱裏（あさぎうら）と嘲笑されないように、江戸の粋を模倣した。安物の着物の裏地が浅葱色をしていたため、浅葱裏とは田舎侍を揶揄する言葉とされる。

江戸での武士としての体面を重んじた社交や見栄で消費は増え、借金をする武士が増えていった。また当時は米遣い経済のため武士は禄米を換金する必要があり、米価は暮らしに大きく影響するという状況が構造的な問題として生じたのである。

ここで札差の貸出手法について考えてみよう。わが国は明治時代から続く不動産担保貸出が銀行貸出の特徴の一つと言われてきた。最近になって米国の手法をまねたＡＢＬ(Asset Based Lending)、すなわち動産担保貸出が登場したとされる。米国のＡＢＬは Transaction Lending の一つの手法であり、担保物件を換金化することが大前提となっている。これに対してわが国で伝統的に行われてきた不動産担保貸出は、Relationship Lending を前提としながらの不動産担保である。

ＡＢＬは米国から輸入された貸出技術のように言われ、最近ではわが国でも、冷凍鮪、ブランド力のある和牛などがＡＢＬとして用いられ、農業、漁業、畜産業に対する貸出技術として今後期待されている分野である。ＡＢＬを行うためには法的な整備を必要とすることもあり、その導入には時間を要した。

しかし、すでに江戸時代の貸出技術の中にＡＢＬの萌芽があったと言わなければならない。札差が抵当にしていた米はまさに農産物であり、動産だからである。

ただ、江戸時代の米は農産物とだけの定義はしにくい。米は禄（給料）であり、米を中心とする米遣い経済と貨幣経済が併存する時代だったからである。

士農工商という身分の頂点にある武士も、貨幣経済の進展とともに、禄を米で支払うシステムそのものが、そして、江戸という消費社会が、借金を抱えてゆくことになるのである。

さらに、金銭は汚いものという武士の矜持が、金融に関して武士がお粗末な対応をしてゆくことになった原因の一つでもあろう。

左記に示すような金貸しのあこぎな金儲けの手法を武士は見抜けなかったのである。

札差は、金利のみならず、奥印金（おくいんきん）、礼金、月踊り（つきおど）利子などの方法で、ビジネスに疎い武士から様々な名目で利益を得た。架空の名前で資金提供者を作り、札差はその保証人として借用証書に奥印を押印する。こうして札差と旗本との貸借ではないとして規定外として対応する。保証したことに対して借り手から礼金を取る（貸出利息の一割とされる）。返済期限は次回の蔵米支給日であるが、ロールオーバー（再度借りること）する場合、返済最終月を新たな貸出の開始月に組み込み、一ヶ月分の金利を重複して徴求するのが月踊りである。

これらのあこぎな商法は、札差の金儲けの目的だけではなかろう。平和な社会にも限らず、二本差しを差して威張っている社会の頂点という名ばかりの武士階級に対する反発もあるであろう。商人は才覚を発揮すれば、商売で富をなすことができる。農民は働いて米を生産するが、武士は何も生産することはなく、富も得ることができない。

札差が、このように貨幣で武士の刀に対抗するのは、「貨幣経済」の「米を中心とする経済」への対抗とも言える。困窮化が進む旗本・御家人は「米を中心とする経済」の犠牲者とも言えよう。またそれだけに町人の支配階級への反発があったとも言える。この町人の原動力は文化に向かったり、札差のような派手な生活ぶりにも結び付いたりしたのであろう。

当時江戸では十八人（吉数に因んだだけで正確な数は不明）の代表的な通人がいて十八大通と称され、その多くが札差であった。

十八大通のファッションは蔵前風、本田髷、長羽織、鮫革で巻いた鞘の一刀を差していた。男伊達、侠気、大袈裟で芝居がかった荒々しい所作、奢り、浪費といった行動を特徴とする。

三枡屋二三治『十八大通』から大通のエピソードを二、三、紹介しよう。

下野屋十兵衛（むだ十）は、素人芝居にカネを注ぎ、無駄遣いが多い。自分の家を芝居がかりに建造し、月二、三回芝居を開催した。大通が歌舞伎役者の衣装や持ち物の真似をし、役者のほうも舞台で大通の真似をした。

大口屋治兵衛（暁雨）は御蔵前の今助六と呼ばれた。八十歳にもかかわらず、町内の喧嘩をおさめた（金貨五枚を握らせて、手をねじあげたのではないかとも言われる）。一人の自殺希望の修行者に饅頭を好きなだけ食べさせたあと名刀「濡衣」で斬り捨てた（助六の名刀「友切丸」の真似か）。

この他、大騒ぎを起こし大金で事態を収拾した利倉屋庄左衛門、平の刻印を打った小判（平十郎小判）を作らせた笹倉屋平十郎、酒呑童子といわれた伊勢屋宗三郎（眠里）などがいる。

山東京山著『蜘蛛の糸巻』の「十八大通」では、彼らの奔放ぶりではなく、むしろ零落後の大通の様子が描かれている。

五　両替屋

「両替屋に金銀銭を預け、あるひは借用する。得意の家にあらざればこれをなさず。得意といへども、その始め証人ありて証文を取り、両替屋より通帳と云ふ小冊を出し、しかる後に出入す。出納ごとにかの通帳に記す。証人を両替受けと云ふ」と『近世風俗史』に記述されているように、両替屋が行う貸出は長期継続的な貸出取引を前提としたリレーションシップ貸出と言える。ただし、担保として家屋敷や物品を徴求している。

同書では、両替屋の金利について次のように言及している。

「日息を俗に日分といふ。銀一貫目の日分大略銀五匁なり。すなはち月息の一分半に中す」

上方では銀建てであったため、このような表現がなされている。『近世風俗史』の「江戸にては、元金二十五両に月息一分を普通とす」

江戸では、元金二十五両につき、一か月の利息は金一分であった。ここでいう「分」とは一％の意味ではない。金一両＝金四分で、一両小判は一分金四枚と等価であるから、「百両につき一か月の利息一両」と同じ意味になる。両替屋には、本両替商と銭両替商の二種類ある。本両替商は三井をはじめとして、幕府の公金を扱ったり、大名への貸付や預金・為替業務を扱ったりする大資本の両替商で、本両替町や駿河町に位置した。銭両替商は小資本で、金貨・銀貨を銭に両替する業務を行い、江戸の各所にあり、庶民を相手にした両替商である。

六　金主・銀主

大名貸を行ったのは富裕な商人や大資本の両替商で、江戸では金主、上方では銀主と呼ばれた。大名とは将軍直参で知行一万石以上の武家をさす。一万石未満の武家は札差（蔵宿ともいう）で借り入れた。『近世風俗史』では、大名貸について次のように述べている。「大名に金を貸す、京阪には銀主、江戸には金主といふ。月息のほかに禄米日俸等を受け、また手代にも手代扶持といひて、これを受くものおおし」

このことから、金主や銀主は貸出利息だけでなく付随的な収入を大名から得ていたと考えられる。貸出にあたっては、米穀物産等を担保にして、多額の貸出を行ったからＡＢＬであろう。ときには藩の財政を賄うほどの貸出を行ったと言われている。

これら江戸時代の貸出業の特徴を一覧にするならば、表２のように示される。

表2 江戸の貸出業比較

	両替屋	金主・銀主(4)	札差	日一文	烏金
対象	得意の家	大名、1万石以上の武家	旗本・御家人、1万石未満の武家	棒手振りなど小商人	町人等
資金使途				運転資金	遊興費
短期・長期	長期・短期	長期・短期	短期	短期、スポット	短期、スポット取引
返済期限			次回の蔵米支給日まで	当日の朝から当日の夕方まで	翌朝までというオーバーナイトの説と当日の朝から当日の夕方まで2つ説あり
金利(1)	＜上方＞銀1貫目の日分、銀5匁＜江戸＞元金100両につき1月1両	月息のほかに禄米日俸等	法定金利、年15%、のちに12%、このほか礼金、奥印金	1日、100文につき1文	1日あるいはオーバーナイト、100文につき2～3文
貸出手法(2)	ABL	ABL	ABL	RL	RL
保証人	両替受け			受合人(家主等)	
担保	家屋敷・物品	米穀物産等	蔵米	無	無
ロット(3)	大	大		1貫文が限度	小

出所:『守貞謾稿』、『三田村鳶魚全集』、『江戸物価事典』、『三田村鳶魚江戸生活事典』、

『文政年間漫録』、『江戸の高利貸』等をもとに筆者作成

注(1):貸出金利では「月踊り」と称する1ヶ月ぶんの利子を二重に取る方法が行われていた。

注(2):ABLはAsset Based Lending , RB はRelationship Lendingのことで貸出手法をさす。

詳細は拙著『地域密着型金融の限界とフィンテック』を参照されたい。

注(3):「ロット」とは金融取引額のことをさす。

注(4):江戸では金主、上方では銀主という。

七　むすびに

本章の目的は、江戸時代の貸出業について、各々の貸出業を比較し、さらに現代の貸出業と比較分析することにあった。

本章の問題意識は三点ある。すなわち、①市場の分断、②貸出手法、③貸出金利、である。江戸時代の貸出は社会的身分に応じて、貸出業が分断していたと思われる。また貸出手法に関しては、**Relationship Lending** に加えて **Asset Based Lending** の手法が存在したと思われる。貸出金利に関しては、法定利率は存在したが、それを無視した貸出が行われたり、金利以外の利益を借り手から得たりしていた。この背景には商人の武士に対する反発も含まれていたと思われる。

江戸時代の金融には、この他、日なし貸、質屋、盲人が貸し手である座頭貸、寺社による祠堂金・勧化金、町人や農民の間の相互扶助的な金融組織である、頼母子講・無尽講、現代のリース業に加えて貸出業も併業している形態の損料屋、公的金融ともいうべき幕府による救済的貸付、公金貸付など様々なものがある。

第九章　江戸から続く長寿企業のメカニズム

一　はじめに

日本には長寿の企業が多いとされる。毎年多くの企業が誕生し、かつ多くの企業が倒産する。以前は企業の寿命は三十年と言われていたが、帝国データバンク（二〇〇九）によれば企業の平均年齢は四十・五年のようである。

そのような状況の中で江戸時代から続く、創業して数百年経つという企業が存続していることは驚くべきことである。結局のところ企業の事業成績は、企業に勤務する従業員（江戸時代ならば奉公人）と経営者（主人）の働き方の総和・総合評価に他ならない。

本章では江戸の働き方を考察する一助として江戸から続く長寿企業の長寿の秘密を解明したい。第二節では江戸の代表的な豪商である三井越後屋のベンチャービジネスぶりを考察する。第三節では日本に長寿企業が多い理由を考える。第四節では長寿企業の研究を紹介する。第五節では長寿企業の秘密を比較文化論の見地から考察する。

二　三井越後屋と殊法（三井高利の母）

三井高利は、武家出身で商家を営んでいた三井高俊・殊法（殊宝とする説もある）の四男として伊勢松坂に生まれた。江戸で三井家を創業した長兄の高次に十四歳で丁稚奉公し、番頭となったが、兄と経営方針があわず、松坂の母の面倒を見るために二十八歳で帰郷した。松坂で金融業を営み資金を蓄え、江戸時代であれば隠居してもおかしくない年齢である五十二歳、延宝元年（一六七三）に江戸本町一丁目で越後屋呉服店を開業した。後に両替商にも進出し、幕府の御用為替方として成功した三井財閥の祖である。

高利が江戸本町に出店した当時、間口は九尺（約二メートル七十センチ）の借家であったが、画期的な商法で越後屋を成長させた。いわば呉服界にイノベーションをもたらしたベンチャービジネスであった。

当時の呉服店の顧客は大名・旗本など上級武士や豪商など富裕層であった。そもそも庶民が着る着物は古着屋で調達するのがあたりまえであった。

また販売方法は、得意先の屋敷を回って注文を取り、後から商品を届ける「見世物商い」と商品を持参して客の屋敷で訪問販売を行う「屋敷売」が通常のスタイルであった。清算はその都度ではなく、盆、暮れの年二回であったため、顧客は代金を買い叩いたり、踏み倒したりした。こうしたことの防衛策として、商人はあらかじめ商品価格に利息分を含んで販売していた。これを「掛け値売り」という。

これに対して高利は新しい手法を導入した。店に商品を並べて販売し、その場で現金決済した。これが「店前（たなさき）売り」であり、「現金掛け値なし」である。

利息を加味していないので商品価格は安く、顧客を訪問しないためにコストダウンも可能になった。また呉服の生地は大人の着物一着分の長さである一反（たん）（約十メートル）単位で売るのが常識であったが、高利は端切れでも販売した。

低価格、端切れ売りが奏功し、三井越後屋は富裕層のみならず、庶民も顧客として獲得した。これは元禄時代、人口が増加する江戸の町の状況に適合した戦略であったと言えよう。

高利の新商法は、この他にも、各地の商人に対して呉服の卸売を行う「諸国商人売」やバーゲンセールがある。

商品が三十日経過しても売れないときは、仕入れ値を下回ってもかまわずに低価格で販売するか古着屋へ販売した。いわば今日でいう在庫処分バーゲンセールである。

また、通常、顧客は購入した反物を縫物師に頼んで着物にしたが、高利は店内に縫物師を置き、顧客から要望があれば、即日仕立てのオーダーメイドを行った。

広告戦略も画期的だ。「現金掛け値なし」の引き札（チラシ）を江戸中にまいたり、雨の日は越後屋の屋号が入った傘を客のみならず通行人にも只で貸したりした。

こうして一代で江戸の豪商になった高利は元禄七年（一六九四）七十三歳で他界した。

この高利の才能はどのように培われたのであろうか。そこには、高利の母である殊法が大きく影響していると思われる。

殊法は四十四歳のとき、夫が死亡し後家になった。商才に優れ、節倹・勤勉であった。落ちている古縄・古草鞋を拾って、壁を練るときに混ぜるすき藁にしたとされる。

物を捨てるということをせず、廃物利用する人だった。酒・味噌の小売と貸金業を営んでいたが、貸出や質の利息は他の金融業よりもはるかに低利にして顧客を増やした。酒・味噌の小売では、自ら店に出て接客をし、客を愛想よく茶菓や煙草でもてなし、商売は繁盛した。

高利はこうした母、殊法の商いの手法や商いの精神を近くで見て育ち、次々と新しい戦略を展開し、一代で豪商となり三井財閥の祖となったのである。

明治維新になり没落した豪商も多い中、越後屋の主、三井高福（たかよし）は新政府に莫大な献金をして政商としての地位を確保した。その後、三井銀行を設立、三井物産や三池炭鉱を運営し、三井合名会社を設立。

以後、銀行・信託・保険・鉱山・重軽工業・電気・ガス・商業・貿易・海運などあらゆる部門にわたるコンツェルンを形成したが、第二次世界大戦後ＧＨＱの指令により解体された。

三　日本に長寿企業が多いのはなぜか

日本には創業以来、百年を経過し今日に至る長寿企業が数多く存在する。長寿企業が多い理由には、長寿企業の土壌となった日本という国の特徴と長寿企業内部の要因とに分けて考える必要がある。

日本という国が持つ要因として、第一に「徳川の平和」がある。慶長十九年（一六一四）、方広寺の鐘銘事件を契機に大坂冬の陣が起き、翌元和元年（一六一五）大坂夏の陣で大坂城が陥落すると「元和偃武（げんなえんぶ）」と呼ばれる平和の世が幕末まで長く続いたことにある。

二百五十年間の天下泰平の世を経て、明治維新が起きるのは一八六八年である。戦が絶え間ない世では商いも農業もできない。経済が成長し、事業が継続するためには、まず社会が安定していることが第一条件であろう。

第二に、この二百五十年間に「家の存続」という考え方が定着したということである。商家が家訓として生き残りの知恵を残したとき、おそらく、未来永劫、家が続くことを想定したであろう。であるならば短期的な成功ではなく、正直に商いを行い、時の権力者も含めて全ての関係者との長期的な人間関係に心がけ、末代まで家が繁栄を続けることを望んだであろう。

ビジネスと家が一体であった江戸時代の商いの文化は近代化以降も続き、終身雇用制、年功序列制、メインバンク・システム、下請け制度等、長期継続的関係を前提とする日本的経営として引き継がれていった。

第三に、日本は単一の民族国家であったことがある。このことは共同体として同一の価値観を育みやすい土壌となった。さらにこの土の肥料となったのは、仏教、儒教、神道を背景とした日本の独特の文化である。すなわち和の精神により共同体組織を作り、また長幼の序や礼節を重んじ勤勉な商家を長期に渡り形成してきたと思われる。

ただし、共同体組織を重視し、いわゆる場の空気を読み、他者と協調することをよしとする文化は、ともすれば異なる特質を持つ者を排除するいじめの温床につながることもある。

では、江戸時代に創業し、今日まで続く老舗の家訓にはどのようなものがあったのだろうか。

住友の家祖である政友が残した家訓に次のような一文がある。

「謀計は眼前の利潤たりといへども、必ず神明の罰にあたる。ぼうけいとは、計りごとをめぐらし、人の心をかすめ、すじなき金銀をとることなり。それは目の前にては利潤徳と思へども、必ず神明の御罰あたるなり。正直は一旦の依怙(えこ)にあらずといへども、終には日月の憐をかうむるなり」

このように商いの基本は「正直」であろう。ヒルシュマイヤー・由井（昭和五二）でも「正直が、長期的な繁栄の基礎として、第一に強調された」としている。

同書では、江戸時代のビジネスは家族と事業が一体となる「商家」であったが、この商家には家訓により運営され、その家訓は「才覚・始末・算用」の三点が主なものであるとしている。

三つのビジネスの徳目をヒルシュマイヤー・由井は次のように整理している。

①知恵・才覚

当初は独創的なアイディアやイノベーションを含意し、その後は、細心な注意と勤勉の効用を強調するようになった。

②始末

始末は節約と換言できるが、それ以上の意味を持っていた。始末は資本の効率の増大のため、原料・時間・資金の節約を求める「経済合理性の原則」として解釈されるべき。

③算用
　算盤の技術、損益の機会の適正な評価、家の繁栄という究極的目標にとってありうべき諸結果の測定にいたるまでの幅広い意味内容。

　同書では「これら三つの側面において保守的な経営態度が力説され、同時に徹底的に利益極大化の精神が表明されている」としている。

　保守的な経営と利益極大化のためのさまざまな知恵は、今日でも通用するビジネス戦略であり、また人生訓とも言えよう。長寿企業の秘密は、「正直」「才覚」「始末」「算用」の四点につきるのかもしれない。

　元禄時代のビジネス小説をみてみよう。

　井原西鶴は『日本永代蔵』で「長者丸といへる妙薬」、すなわち金持ちになるための秘薬の成分を次のように示している。原文は両（貨幣価値）で記されているが、本章では成分内訳を％で表示することにする。

　早起き十％、家業四十％、夜業（よなべ）十六％、倹約二十％、健康十四％（合計百％）

　家業とは地の利、地盤、を活かした先祖から続く商売に励むことであろう。必ずしも職業選択において世襲制ではない今日では、自らの比較優位を探し、コアコンピタンス経営を行うことと換言できるであろうか。

夜業は、時間外労働と言えるであろうが、今日では歓迎されない。長時間労働は「働き方改革」でも是正されようとしている。実際に働く時間や時間帯と解釈するよりも真面目に働く精神、すなわち「勤勉」と解釈したほうがよいであろう。

西鶴は金持ちになる妙薬だけではなく、貧乏になる毒薬もあげている。

美食、好色、絹物を普段着にする（贅沢）。女房を乗物にのせて贅沢をさせ、娘に琴・歌がるたをさせること。息子に鼓や太鼓などの種々の遊芸を習わせること等である。貧乏になる毒薬はあげればきりがない。このように当時の家訓やビジネス小説を読むと長寿企業の秘密に触れることができるような気がする。

タイムマシンに乗って元禄時代の商人を訪ねることは困難である。想像でしかあり得ないが、（幕末や江戸開府直後ならばともかく）天下泰平の江戸時代中期の商人や武士は未来永劫、自分の「家」が続く、いや存続させねばならぬ、という固い意志を持っていたと思われる。

しかし、江戸時代に家訓を残した商家当主や井原西鶴は江戸時代に創業した企業が三百年以上経つ今日まで長寿で健在であることを本当に想像できたであろうか。

四　長寿企業の研究紹介

翻って、今日、長寿企業における長寿の秘密を解明しようとする研究がある。長寿企業へのインタビューをもとにした文献には、しばしば予定調和的に長寿企業の経営を絶賛する文献が見られる。だが、マクロ的に見た場合、企業の年齢の増加は企業成長に負の影響を与えることが多くの実証分析で示されており、経済がマクロ的に活力をもつためには若い企業の出現が期待されることになる。

そういう意味では長期間生き抜いた企業は「長寿」というプラスの表現ではなく、橘木・安田（二〇〇六）に見られるように「加齢」というややネガティブな印象を与える表現になってくる。

とは言うものの、江戸時代に創業し、二百年、三百年もの間、事業を継続することは至難の業である。超長期間、生存を持続できた企業には共通する優れた特徴があり、長寿の企業には長く続いた企業だけがもつ何らかの要因があると思われる。

長寿企業に関する研究を紹介しよう。

後藤（平成二九）では、企業が長寿を実現する要因として下記六つの要因をあげている。

①長期的視点に立った経営
②急成長をめざさない身の丈経営
③コアコンピタンス経営
④利害関係者との長期的な関係性重視
⑤安全性への構え
⑥次世代へ継続する強い意志。「お家大事」の考え方。

グロービス経営大学院（二〇一四）では、長寿企業を「日本型サステイナブル企業」と称し、その長寿経営の秘密を次の三つの要素で説明している。

①コア能力と価値観に沿った「顧客価値」を提供する。独自のコア能力を自己認知し、その企業の存在意義を通じて、顧客価値を提供する。

②分相応の「身の丈経営」に徹する。そのためには経営の独立性の保てる「資本構成」と危機に耐えられる財務力を持つ。また「社会や地域との関係」や「神仏・伝統を敬う敬虔な姿勢」によるガバナンスを働かせる。

③サステイナブル企業を支える「価値観」をつなぐ。経営者は創業者の築いた価値観を有形無形で後継者に伝える。

長寿企業の特徴として、先行研究の多くで頻出するキーワードは「身の丈経営」である。このことを長寿企業の財務分析で確認してみよう。

以下は帝国データバンク（二〇〇九）による分析に基づく。財務分析の観点は収益性・効率性・安定性の三点ある。

財務指標に関して老舗企業と全業種平均の比較を行い、いずれが優れているかを示したのが表3である。

表3が示すように老舗企業よりも全業種平均のほうが優れている項目が多い。一般に老舗企業は経営が安定しているというイメージがあるが、この分析では自己資本比率の比率は老舗企業二八・六五、全業種平均二六・八一で、老舗企業のほうがわずかに高いが統計的な有意差はない。

唯一、老舗企業が優れているのは、売上高経常利益率のみである。しかし、売上高営業利益率は全業種平均のほうが高い。このことから帝国データバンク（二〇〇九）は「老舗企業は保有株式や土地・建物など蓄積した資産を活用して、本業外で収益を生み出している」として「これこそが老舗企業の財務における強み」として結論づけている。

表3　老舗企業と全業種平均の財務比較

評価観点	指標名	優れている企業群
総合指標	総資本経常利益率	全業種平均
収益性	売上総利益率	全業種平均
	売上高営業利益率	全業種平均
	売上高経常利益率	老舗企業
効率性	総資本回転率	全業種平均
	棚卸資産回転期間	全業種平均
	固定資産回転期間	全業種平均
安定性	自己資本比率	老舗企業（注1）
	流動比率	全業種平均
	固定比率	全業種平均

出所：帝国データバンク（二〇〇九）に基づき筆者作成
注1：ただし、統計的有意差はない。

またグロービス経営大学院（二〇一四）では「身の丈経営を可能にする財務体質」は「危機に耐えられる財務力を維持すること」として「日本型サステイナブル企業」の特質を左記四点あげている。

①本業を補完する収益源の確保
②自己資本の充実
③資本の効率性よりも安全性重視
④売掛金の分散化

これら二つの研究からは、資本効率はよくないが、本業を補完するビジネスでリスクヘッジをしている長寿企業の姿が理解できる。

この他、長寿企業の秘密を解明しようとした研究は数多くある。長寿企業の研究を整理するならば以下のようになろうか。まず分析手法であるが、①実証分析、②理論分析、③アンケートやインタビュー、④経営理念・家訓などの歴史的考察の四種類に分類できる。

①実証分析

財務分析や計量経済学の手法を用いて長寿企業について実証的に考察したものである。

財務分析では上述のように長寿企業の財務は決して効率的ではないが、リスクを意識した財務構造であることを示したものが多い。

前川・末包（二〇一一）は老舗の経営戦略を因子分析した結果、特別に大きな因子を発見することができず、老舗として存続するための条件は一様ではなく、存続要因の多様性を示唆している。長寿の秘密が様々であることは興味深い発見と思われる。

加納（二〇一八）は、長寿企業はメインバンクとの長期継続的な関係を重視していること、逆に若い企業ほどメインバンクを変更する傾向があることをプロビット分析で実証している。

②理論分析

森下（二〇一四）は競争と協力の格子気体モデルを用いて企業間の動態分析を行っている。市場が成長の限界に近いときと成長の限界から遠いときという条件のもとで、競争優位の拡大型企業と協力を大事にする持続型企業の戦略をシナリオ分析した。

成長の限界に近いときは、協力関係の効果が大きいという結論を得ている。

③アンケートやインタビューにより長寿企業の特質を明らかにしたもの。

この研究からは、身の丈経営、年輪経営、ステーク・ホルダーや地域社会との関係性重視、先祖・神社仏閣などへの畏怖心、不易流行、競争と共生などのキーワードが共通して見られる。

④長寿企業の家訓、経営理念などを歴史的に考察するものである。これはインタビューと整

合的な答えが見られ、利益よりも関係性を重視したものが多い。有名なものに「先義後利」や近江商人の「三方よし」などがある。

次に長寿企業の何を対象にして分析するかであるが、これはおそらく経営学の教科書の目次と同様にメニューは豊富であろう。例えば、財務、マーケティング、組織、経営戦略、経営理念、事業承継等々である。

前川・末包（二〇一一）の因子分析が示すように老舗には多様性があり一言で長寿の秘密を述べることはできないのかもしれない。

長寿企業の研究には明らかになっていない点がいくつもある。

長寿企業の研究とは、いわゆる日本的経営の研究に総括されるのではないか。身の丈経営といわれるが、どの程度の企業成長を身の丈経営というのか、身の丈経営の成長率を具体的な数値で示すことができるのか。不易流行とか、温故知新、伝統を守り変革を厭わないというが、どの程度の変革が妥当なのか数値で示すことができるのか。

長寿企業の現時点での特徴は当該企業が若い時もそうであったとは限らない。人間においても九十歳の高齢者に長寿の秘訣を尋ねてみたところで、壮年時代も九十のときと同じ健康法、同じ人生観であったとは到底思えない。人はライフステージによって生き方・健康管理が異なるのと同じように企業も成長段階によって異なる行動をするであろう。

たとえば元禄時代の三井越後屋は同業者の反発にあい、仲間はずれにされながらも新たな商法を推し進めた。呉服界に大きなイノベーションをもたらしたベンチャービジネスといえよう。当時の三井越後屋の行動は身の丈経営とか関係性重視というキーワードに該当するか疑問である。長寿企業も成長段階に応じた考察が必要であろう。

老舗企業のブランドはいつ、どのようにして確立されたのか。資本効率が悪いことが示されているが、それは長寿企業の経営にとって有益なのか。有益とするならば、どのようなメカニズムによるものなのか。

事業承継は前経営者の子息等が引き継ぐほうが妥当なのか、あるいは第三者なのか、またその理由は何なのか、など多くの長寿企業に関する疑問がある。

五　長寿企業の秘密は何か―日本文化の観点から―

そもそも長寿企業とは操業年数の長い企業すべてをさすのか、という疑問もある。先行研究では百年以上、三百年以上など独自に定義している。また呼称も長寿企業、老舗企業、サステイナブル企業など様々である。

筆者は長寿企業を操業年数が百年以上の企業と考え、規制により保護され生きのびてきた銀行（A）やすでに大規模な企業グループとして成長し産業界に大きな力を持ついわゆる財閥系の企業（B）は考察の対象外として長寿企業の秘密を分析すべきと考えている。

銀行（A）と財閥系企業（B）を除いた長寿企業はさらに、ブランドを確立し、知名度も高く、従業員がそのブランドに誇りをもつ企業を老舗企業（C）と呼び、そのようなブランドを確立していない企業はさらに個人企業（D）と法人企業（E）に分けて考える。

個人企業は家業（ファミリー・ビジネス）として独特の事業承継があるように思われる。

これら筆者の考える長寿企業の分類は表4に示される。

ダーウインを持ちだすまでもなく、企業の存続は環境に適応できるかどうかに大きく影響される。日本で長く生存している企業は日本の社会や日本の文化に適応できているといえる。

本節では、長寿の秘密を日本文化の観点から考察してみよう。

企業経営とはいうものの、日本の数百年続く長寿企業の秘密は経済学や経営学の論理だけでは解き明かせないよう思われる。長寿企業は「文化」として議論する必要があるのかもしれない。

表4　筆者の考える長寿企業の分類

	分類	特徴	強み
	A 銀行	官主導	規制による保護
	B 財閥系企業	超越的存在	資本による産業への影響力大
長寿企業	C 老舗企業	ブランドを確立	ブランドに経営者も従業員も誇りを持つ
	D 個人企業	ブランドは未確立	家業として維持、ファミリービジネス
	E 法人企業		伝統のある企業

ただし創業から一〇〇年以上を長寿企業とする。

筆者は（表4に示すA銀行とB財閥系企業を除く）長寿企業の長寿の秘密は日本文化の観点から左記のように三点あると考える。

①母性原理

母性原理は慈悲、慈しみ育てる、豊穣、産み育てる、寛容などが連想されるであろう。これに対して、父性原理は破壊、戦争、競争、厳しさなどが想像される。長寿企業は従業員、顧客、地域社会、ステーク・ホルダー、幕府・政府など時の権力者を含んだあらゆる関係者との長期継続的な関係性を重視してきたと思われる。その経営手法は母性原理に基づく人を育ててゆく手法であったと思われる。

三井高利は母殊法から商いの手法を学んだが、ここでいう母性原理とは必ずしも母から息子へ事業を承継したという意味ではない。母性なるものは必ずしも実際の性別には関係がない。最近、都会で街路樹が腐り倒れる例が増えているという。決して大型台風の影響ばかりではない。道路やビルの隙間に飢えられた街路樹は幹や葉は成長できても、コンクリートに遮られ根が十分に張ることができないことが原因のようである。企業経営も同様である。身の丈であることが大切だ。身の丈経営を行う原理は、すべてを慈しみ育てる母性原理である。

企業の経営理念のような言葉で伝えることのできない価値観は母性原理により「無意識」の

世界でゆっくりと培われ、次世代に引き継がれてゆくのである。

事業承継において子息等の血縁関係者が承継すべきか第三者が承継すべきか議論の余地があろう。経済合理主義でどちらが有能かを決めるのは長寿企業には馴染まないのかもしれない。橋木・安田（二〇〇六）では事業承継後のパフォーマンスについての分析が行われている。被説明変数を承継後の企業成長率として、企業年齢、企業規模、承継者年齢などを説明変数とする回帰分析である。

説明変数の第三者承継ダミー変数の符号は正であるが有意ではなく、後継者は子息等であろうが、第三者であろうが、承継後の企業成長には関係ないことが示されている。

一般に企業成長と企業年齢は負の関係にあることが知られているが、サンプルを子息等承継企業のみに限定して分析すると、コントロール説明変数の企業年齢の符号は正で有意になっている。橋木・安田（二〇〇六）では、この分析結果の解釈をサンプルバイアスによるものとしているが、そのようなバイアスがないと仮定すれば、子息等が承継すると企業の加齢効果を抑制すると解釈することも可能であろう。

長寿企業の経営理念のようなものはひょっとすると無意識の世界で伝わり、それは第三者よりも子息等血縁者のほうが伝わりやすく、その結果、加齢効果を抑制し、企業を若返らせることができるのかもしれない。

日本的経営を論じる際、江戸時代の「家」の概念が企業にまで持ち込まれたという考え方がある。母性原理は「家」をも子宮に包含するような広く深い概念である。

母性原理の企業では意思決定もその場の「空気」を読むような形で決まってゆく。そこには父性原理による絶対的なリーダーがいるわけではなく、後から振り返ると誰の意見・主張なのかはっきりしないまま、共同体がかかえるあいまいな無意識が発露され、方針が決まってゆく。

②夏炉冬扇（かろとうせん）

夏炉冬扇とか昼行燈という言葉は役に立たない物や人を揶揄して使う言葉である。通常、褒め言葉ではない。一般に、長寿企業は資本効率がよくないとされる。非効率性は資本のみならず人事に関しても存在すると推測される。

長寿企業は長い歴史で蓄積した資産をもとに本業以外で収益をあげている。資本効率が悪いということは生産性が低いことを意味する。しかし、有事に備えていつも資本に余裕が持たせてあるともいえる。

無用とされているものが、かえって大用をなす「無用の用」が長寿企業には意識的か無意識かにかかわらず存在すると思われる。『葉隠』は江戸時代の武士道について記した書物であるが、聞書第十一には次のように記されている（三島由紀夫『葉隠入門』）。

「見縣（みかけ）利発に見え候者は、よきことをしても目に立たず。人並の事しては不足の様に諸人存じ候。打ち見たる所柔和なる者は、すこし振よき事候へば、諸人褒美仕（ほうびつかま）つり候事」

いかにもやり手らしく見える人間は損である旨が述べられている。夏炉冬扇は長寿企業の危機を救う人材であり資産なのであろう。

そもそも人の評価を短期的な能力主義で行うことが問題なのである。

むしろ日本の文化の一つである「あいまいさ」を人事評価にも適用し、企業経営に持ち込むほうが長期的にはサバイバルにつながるといえる。大江健三郎は一九九四年、ノーベル文学賞受賞記念講演『あいまいな日本の私』の中で、「日本の経済的な大きな繁栄は、日本人が近代化をつうじて慢性の病気のように育ててきたあいまいさを加速し、さらに新しい様相を与えた」と述べている。あいまいさが効率性や競争という観点だけではない、関係性を重視した長寿経営という日本独特の経営文化も生み出したと思われる。

③ＴＬＴＦ（Too Long To Fail）

金融論にはＴＢＴＦ（Too Big To Fail）という語がある。銀行は合併・再編により規模の大きな銀行にしたほうが潰されないという戦略である。事実、銀行は合併・再編を繰り返し、巨大化した銀行もある。巨大化すれば規模の経済性が働く。また経営破綻した場合の経済的な影響力も大きく潰されないというのである。この銀行の戦略を真似るならば、長寿企業は長すぎて（長寿すぎて）潰せない、ＴＬＴＦ（Too Long To Fail）なのである。

ただしこれは「戦略」と呼ぶのはふさわしくない。長寿企業の「文化」であろう。西欧の文化は「罪の文化」であるのに対して、日本の文化は「恥の文化」だと述べたのはベネディクトである。「恥」は他者との相対的な関係で決まる。「罪」は超越的、普遍的である。

太宰治『人間失格』の「第一の手記」冒頭は「恥の多い生涯を送ってきました」で始まる。日本人にとって「恥」は身近な感覚なのであろう。

「恥」なのか「罪」なのかで人の行動を律する考え方はコーポレート・ガバナンスの違いにも示される。直接金融中心の米国と間接金融中心の日本ではガバナンスに相違がある。

直接金融中心であれば企業のガバナンスは株価によって公然と示される。株主がノーと思えば、株主総会で発言できるし、（株価を売却し）株価の下落という形でも反映させることができる。これに対して銀行（メインバンク）によるガバナンスは銀行と企業が相対しての密室での交渉の世界である。公然とした株価下落や株主総会での反対意見表明は罪に対する罰であるのに対して、密室で銀行と企業が交渉を行うことは、銀行が暗に企業に「恥」の感覚を促してガバナンスを行うことである。このガバナンスは母性原理によるものと換言することもできる。

長寿企業は潰せないのである。なぜならば長く続いた伝統のある企業を承継しないことや潰すことは「恥」なのである。経営者にとって企業経営がうまくできないということは「恥」に思えるのである。この「恥」に感じる程度は創業者よりも後継者のほうが高いであろう。長寿企業の経営者は自分の代で会社が倒産するということを非常に恐れる。長寿企業の従業員も老舗のブランドと長寿であることにこだわる。ステーク・ホルダーも同様だ。周囲も長寿企業内部の人間も「存続」が最重要課題になり潰せなくなる。

長寿企業の目標は利潤最大化でも増収増益や市場シェア拡大などの成長でもない。良い意味でも悪い意味でも生存し続けることこそが最重要な目標になってしまうのである。

江戸時代から続く長寿企業は日本的経営の背景となる日本文化の影響が強く発露され、母性原理や恥の文化が強く反映され、生き続けることが目標として強く意識された企業といえよう。

グローバル化の流れの中で米国流のＲＯＡ（総資産利益率）やＲＯＥ（資本利益率）など株主を意識した資本の効率性を重視する企業経営が求められる中、短期的な効率性や市場競争の覇者を目指すのではなく、悠久の大河の流れのごとく、神が宿るかと思うほどの樹齢の大木の年輪のごとくゆるやかで着実に、超長期の展望で経営してきた企業のことであろう。

第十章　江戸の貨幣と時間

一　はじめに

経済史を学ぶことの意義の一つは「歴史は繰り返す」と言われるように過去の経済の歴史の中から教訓を得ることであろう。江戸の経済は今日の我々の経済活動に示唆するものがいくつも見られる。

今日言われる「働き方改革」の副業・兼業はすでに江戸時代に実施されていた。これは収入を増やすだけではなく、失業者を減らし雇用を確保するためのワーク・シェアリング、多様な人とのつながりを保つ、ワーク・ライフ・バランスの推進など様々な効果があろう。

本章では主に江戸の貨幣と時間に焦点を当て、今日の経済に示唆できるものを考察する。第二節では、江戸の貨幣について三貨制度とフィンテック、江戸時代から続く老舗企業（長寿企業）のリスクヘッジについてみる。第三節では江戸の時間と働き方について考察する。第四節では、江戸および『やし酒飲み』における時間について考えてみたい。『やし酒飲み』とはアフリカの作家Amos Tutuolaの不思議な小説である。

二　江戸の貨幣

（一）三貨制度とフィンテック

江戸時代は三貨制度と呼ばれる、金貨・銀貨・銭の三種類の貨幣が流通する貨幣制度であった。三種類の貨幣が存在したと言っても、それは一万円札があり、千円札があり、百円硬貨があるという今日の貨幣制度とは全く意味が異なる。

お金（貨幣価値）としては同じでも金貨・銀貨・銭は使用する社会的階層、商品のランク、使用する地域によって異なっていたのである。

すなわち金貨は関東で、銀貨は関西で流通し、金貨は上級の武士や富裕な商人が高級品に使用した。銀貨は中級の武士や商人が中級品に使用した。銭は全国で庶民が日常品を購入する際に使用した。しかも金貨と銭は今日の通貨と同じように計数貨幣であったが、銀貨は重さをはかる必要のある秤量貨幣で、単位は匁である。金貨の単位は両、銭は文である。

商人は天秤に丁銀を乗せて重さをはかり、さらに豆板銀を追加して重量の調整を行う。そして他の貨幣（金貨、銭）との交換比率に基づき換算することになる。

今日ではファーストフードの店で数百円の食事をして一万円札を出してお釣りをもらうこ

とは可能である。しかし江戸では庶民のファーストフードの店、たとえば蕎麦屋で十六文の蕎麦を食べて一両小判を出してお釣りをもらうということはあり得ない風景であった。

日常品の出費には最初から銭を使うことが前提となっている。そのため事前に両替しておくことが必要なのである。三貨は相互に両替が必要であった。いわば一つの国にたとえば円、ドル、ポンドという三国の通貨があり、両替手数料を支払う必要があったのと同じことになる。貨幣はしばしば言語と共通点があるとされる。すなわち流通普及しなければ意味がない。また一つの統一国家の象徴として言語や通貨の統一ということが言われる。この意味で江戸は一六〇三年に家康が開府したというものの通貨は統一されていなかったのである。

田沼意次は革新的な経済政策を行った。その一つが貨幣制度である。明和二年（一七六五）新種の銀貨である五匁銀が登場した。これは一定の重量を持ち、秤量貨幣である銀貨を計数銀貨として扱うことになる最初であった。

次に明和九年（一七七二）田沼意次が老中に就任した際、発行された貨幣が南鐐二朱銀である。この銀貨の表面に「以南鐐八片換小判一両」と刻んである。無条件にこの銀貨八枚で金貨一枚と交換する旨を示した。これは貨幣制度のイノベーションとも呼べる出来事であった。秤量貨幣である銀貨を計数貨幣として扱い金貨の機能を持たせたのである。

三貨制度では東日本は金本位制、西日本は銀本位制であったから、銀貨を金貨に吸収し江戸の経済力を高めようとしたと思われる。大坂の豪商率いる経済圏に対して江戸の政治力を駆使したのである。ちなみに田沼が老中へ就任した明和九年は「めいわく（明和九）年」として当時の庶民は田沼を揶揄したようである。

統一国家内でありながら同じ価値を持つお金が、使う人のグループによって異なる方法で利用されるという現象は、筆者には今日のフィンテックを連想させる。

お金（貨幣価値）としては同じでも情報弱者か強者かによってフィンテックの利用度が違う。同じ価値のお金があっても利用する人（できる人）が違うということだ。マネーという同一商品を違うチャネルでアクセスする人々がいるのは興味深い。フィンテックは利便性向上とコストダウンにつながる。利便性の高いシステムのほうが競争に強い。このことは江戸時代の三貨制度の変遷と共通する点がある。

江戸の三貨制度において買い物の都度、貨幣の重さを測定する必要のある銀貨よりも金貨のほうが利便性とコストの点で優位であるのは明白だ。秤量貨幣の銀貨が、計数銀貨に変貌をとげ、金貨体系に吸収されたのは当然の流れであったろう。

証券化やデリバティブなどで金融機能のアンバンドリング（分解）ということが言われるよ

うになって久しい。フィンテックは金融の様々な機能をアンバンドリングして利便性を高めコストを削減し、フィンテック企業が従来の金融機関の業務に参入しつつある。

ビルゲイツは Banking is necessary, but banks are not. と語ったとされる。フィンテックは銀行の立場を揺るがす存在になり、破壊的イノベーションの一分野として位置づけられている。THE MILLENIAL DISRUPTION INDEX は米国ミレニアル世代（一九八〇から二〇〇〇年生まれの世代）に対する調査結果であるが、「最も破壊されるリスクの高い業界は銀行業界」であるとして現在の銀行サービスに不満を持ち、外部からイノベーションがもたらされることを期待している。しかしミレニアル世代以外では銀行チャネルの選択として銀行窓口はいまだ少なくないのである。インターネットバンキングの利用率は、現在約二割とされるが、今後拡大してゆくであろう（詳細は拙著『地域密着型金融の限界とフィンテック』を参照されたい）。

（二）江戸時代から続く長寿企業

江戸時代から続く長寿企業の身の丈にあわせた経営手法は家計のお金の貯め方においても、また人の生き方においても参考になるであろう。長寿企業の財務には特徴がある。長寿企業は利益や効率性を追究するよりも財務の安全性を重視する傾向がある。

帝国データバンク編（二〇〇九）では、長寿企業の営業外損益を加算した経常利益の売上に対する比率（売上高経常利益率）が他の企業に比して高いことを示し、老舗企業が本業以外のことで収益をあげていることを導き出している。

伝統のある企業は保有資産（土地、株式など）に余裕があり、そこから地代、配当などを得ていると推測される。

吉田（二〇一六）では大店の指標として（十八世紀を念頭におくと）経営規模の大きさ以外に以下の四点を指摘している。

①店舗規模。間口四～五間（七・三～九・一メートル）クラス規模の店舗。
②奉公人の量と質。ほぼ十人以上の奉公人を抱える。
③都市域に多くの抱屋敷を所有し、貸家・貸地として地代・店賃を収取し町屋敷経営を行う。
④営業上の取引や台所を通しての関係で、出入中（でいりじゅう）と呼ばれる集団を従属下におく。

上記の③はまさに本業を補完する副業の指摘である。

本書第六章では武士の副業に言及したが、酒井伴四郎は拝領屋敷の敷地内に貸家を営んでいた。この教訓は家計に置き換えるならば無理な借金をしない、無駄な支出をしないということにつながるであろう。さらに副業を持つという「働き方」にも関連してくるであろう。

塚越（二〇一四）では「年輪経営にとって急成長は避けるべき」としている。企業経営には追い風と向かい風のときがある。いずれのときでも樹木が着実に年輪を増やしてゆくような地道な経営が望まれるのである。

『新約聖書』の「マタイによる福音書」第十三章、第十二節では「おおよそ、持っている人は与えられて、いよいよ豊かになるが、持っていない人は持っているものまでも取り上げられるであろう」と記されている。格差を社会学的に説明する際に、この「マタイ効果」が使用されることがある。

富める者は資産を運用したりビジネスチャンスを多く得たりしてますます豊かになり、貧しい者はさらに貧しくなり、格差は拡大してゆく。

長寿企業の経営者も従業員も自分の会社が長寿であることを期待されるようになり、伝統に誇りを持ち、長寿企業はますます長寿になってゆく。さらに潰すことは「恥」であるという強迫観念のような集団の無意識が企業の長寿を維持し続けるのである。

長寿企業は「伝統」と「革新」をバランスよく調整して経営を行ってきた企業とされる。しかしこのバランスが適正か否かを図るリトマス試験紙はただ一つ、実際に企業が存続できたか否かの実績だけなのかもしれない。

老舗企業が本業以外の収益をリスクヘッジとしていることは、今日の我々の働き方にも参考になるであろう。副業をもつことは本業のリスクヘッジになる。

フィンテックの影響により金融界ではロボットや人口知能が人間の仕事を奪うという現象も起きている。ロイヤル・バンク・オブ・スコットランドは二〇一六年に二二〇人の投資アドバイザーがロボ・アドバイザーに交替している。今後、我々は安定した収入を確保するためには副業が必要不可欠なものになるかもしれない。

三　江戸の時間と働き方

江戸の働き方を考察する前提として、石川（二〇〇九）に基づき江戸の不定時法とは何かみてみよう。一日を昼と夜に分け、それぞれを六等分する。これを一刻（とき）という。境になるのが明け六つ、暮れ六つである。これは太陽が地平線下にあるときで、日の出前のこれから明るくなる頃、日没してこれから暗くなる頃、つまり両者は同じ明るさであり、照明なしに何とか仕事ができる限界の時刻であった。

江戸の不定時法は光熱費の節約のために働ける時間帯を意識した時刻の基準であったと思われる。つまり明け六つから暮れ六つまでが江戸の人々の働く目安となる。

ちなみに時代劇では江戸の照明として蝋燭が登場しているが、蝋燭は高価であったため、庶民は植物油（菜種油など）や魚油（鯨、干鰯）を用いた。魚油は燃やすと煤が出てくさかったが植物油よりも安価であった。

さて、石川（二〇〇九）によれば、夏至の昼は十五時間五十一分、冬至の昼は十時間五十六分である。夏冬で一刻の実質的な時間は異なる。

現代人には奇妙に思えるかもしれないが、日が出たら田畑へ出て働き、日が沈めば休むという江戸時代の不定時法は江戸時代の農民の暮らしには馴染みやすいものであったであろう。また電気がなく、蝋燭の行燈は高価な時代、菜種油よりもさらに安い魚油（鰯油）を使った庶民の暮らしにおいて、夜は休む時間であったのがあたりまえであったのはうなずける。それだけに月をめでる文化が発達したのであろう。

電気の出現は月をめでる文化とトレード・オフの関係となったようだ。今日、シェアリング・エコノミーが提唱されるようになり、車や家のシェアが行われるようになった。江戸では珍しくない概念だ。

時間についても太陽光だけで働ける時間を増やす江戸の時刻基準は光熱費を減らす手法として参考になるであろう。

四　アフリカの小説『やし酒飲み』における時間

本節のテーマは奇異な印象を与えるかもしれない。「時間」について江戸と『やし酒飲み』を比較するという。『やし酒飲み』は江戸と対応する概念ではない。なぜならば、『やし酒飲み』はアフリカの作家 Amos Tutuola の小説であって現実の世界ではない。原題は THE PALM-WINE DRINKARD という。『やし酒飲み』（土屋哲訳）は次のように始まる。

「わたしは、十になった子供の頃から、やし酒飲みだった。わたしの生活は、やし酒を飲むこと以外は何もすることのない毎日でした。当時はタカラ貝だけが貨幣として通用していたので、どんなものでも安く手に入り、おまけに父は町一番の大金持ちでした。父は八人の子をもち、わたしは惣領息子だった。他の兄弟は皆働き者だったが、わたしだけは大のやし酒飲みで、夜となく昼となくやし酒を飲んでいたので、なま水はのどを通らぬようになってしまっていた。」（傍線は筆者による）

筆者はたまたまこの小説を手にとり冒頭の数行を読んだだけですっかり『やし酒飲み』の世界に引きずりこまれてしまった。芸術には様々な分野があるが、小説が「最強」の総合芸術に感じられるときだ。総合芸術といえば、通常は映画、演劇、オペラ、ミュージカルなどが思い浮かぶであろう。しかし筆者には、読者がイマジネーションの翼を自由に羽ばたかせ、音、においい、皮膚で感じる風、画、味など五感を働かせる、いや五官の機能を超えることができる小説こそが総合芸術に思える。尾崎翠のように「第七官」を探求した作家もいるくらいだ。

文豪の文学作品には繰り返し映画化されているものがある。ヒロイン役の女優が登場し、その美しい顔がスクリーンにアップになる。小説の登場人物は（映画などと異なり）読者が自由に思い描くことができる。小説は読者の自由自在な想像力を制限することがない。

現代の通常の書物から音は出ない。しかし筆者は『やし酒のみ』冒頭の数行を読んだだけで、アフリカの広大な大地で太鼓をうつ音が聞こえてきた。その原因は文体にあるのかもしれない。「だった」「でした」この繰り返し。国語教師ならずとも文末は「ですます体」か「である体」かいずれかに統一しましょうと教示するであろう。その原則に反する。それが不思議なリズムとなり音を紙のページから生み出している。

音だけではない。筆者には太陽の下、横たわって昼寝をする黄金の毛並みを持つ獅子の横腹を枕にしてやし酒を飲む主人公、夜は満月の光が白く下界を照らす中、今度は白銀に黒い縞模様がある虎の横腹を枕にして主人公がやし酒を飲む姿が目に浮かんだ。むろん『やし酒飲み』にはどこにもそのようなことは記されていない。

閑話休題。『やし酒飲み』は経済学のテクストとして読んでも興味深い。

近代経済学における「時間」は労働 **Labor** と余暇 **Leisure** の二つに大別される。哀しいかな二つだけなのである。いや、二つもある、とも言えるが。Lで始まる二つの時間はトレード・オフの関係にある。しかるに『やし酒飲み』の主人公は「やし酒を飲むこと以外は何もすることのない毎日」だったのである。通貨制度は「タカラ貝だけが貨幣として通用」するタカラ貝本位制度のようである。「どんなものでも安く手に入った」デフレの状況にあったようだ。

経済学者という稼業をしているといつのまにか近代経済学の考え方が宗教のように自分の心を染め、進歩史観が身についているような気がする。

――効率性のために競争が必要。競争ゆえ生じた格差は所得再分配で是正。効率的な社会が経済成長を促す。

つねに進歩を前提とした論を進めてきた経済学者にいつのまにかしのびよるのは老いと（潜在的に）抱き続けてきた退歩史観への憧れであろうか。

『やし酒飲み』の時間は江戸の不定時法に通ずるものがあるように思える。

山内（一九九二）では未開の労働時間のデータにもとづき「世界で最も未開で、野蛮で、貧しいと思われてきた人々が、じつは一日平均三時間四九分しか生活資料の生産に時間という貴重な資源をあてていなかった」とし、「自由時間こそが真実の富だとすれば未開人のほうが文明人よりも富に恵まれていた」と述べている。

また「一日中へとへとになるまで働いても僅かな粗食しか口にできない悲惨な野蛮人」というのは偏見であるとし、「メラネシアの農耕民は、あたかも労働時間と自由時間が生命活動として統一されていたように労働と芸術活動が分離していなかった」としている。

過労死するまで会社で働く現代の文明社会のほうがはるかに野蛮と言えるであろう。

時間とお金は強い結びつきがある。時間は働き方にも関係してくる。生産工程における作業工程を細かい動作に分解し、各動作に要する時間をストップ・ウオッチで計測し標準的作業時間を算出したテイラーの科学的管理法は江戸の不定時法にどのように対応したであろうか。

ちなみに江戸の不定時法では石川英輔（二〇〇九）によれば、夏至の昼の一刻は二時間三十八分で、冬至の昼の一刻は一時間五十分である。夏と冬で実に四十八分もの差がある。テイラーのストップ・ウオッチで測る「時間」が江戸では何の意味があろうか。

江戸の不定時法は新しい働き方につながる概念であろう。江戸や未開の「時間」の概念や「働き方」は今日の我々に多くの示唆を与えるであろう。

もっとも大きな文化イノベーションは「時間」の概念を革新することにあるのかもしれない。

【初出誌一覧】

第一章「鶴姫の機会費用」（二〇一七）
Review of Economics and Information Studies, Vol. 18, No. 1, 2

第二章「芭蕉の文化経済学」（二〇一八）
Review of Economics and Information Studies, Vol. 18, No. 3, 4

第三章「田沼時代における幻想と経済」（二〇一七）
Review of Economics and Information Studies, Vol. 17, No. 3, 4

第四章「近世下級武士の文化経済と理想郷」（二〇一六）
Review of Economics and Information Studies, Vol. 16, No. 3, 4

第五章「寛政の改革が下級武士に与えた経済的影響」（二〇一五）
Review of Economics and Information Studies, Vol. 15, No. 3, 4

第六章「近世下級武士の副業とワーク・ライフ・バランス」（二〇一五）
Review of Economics and Information Studies, Vol. 16, No. 1, 2

第七章「江戸の格差と幸福」（二〇一六）

Review of Economics and Information Studies, Vol. 17, No. 1, 2

第八章「江戸の貸出業」（二〇一三）

Review of Economics and Information Studies, Vol. 13, No. 3, 4

第九章 書き下ろし

第十章「江戸の貨幣と時間」（二〇一八）

Review of Economics and Information Studies, Vol. 19, No. 1, 2

【参考文献】

芥川龍之介（昭和四十三）「芭蕉雑記」「続芭蕉雑記」『現代日本文学大系四十三、芥川龍之介集』所収、筑摩書房
阿部喜三男（昭和三十六）『松尾芭蕉』吉川弘文館
新井白石著、松村明校注（二〇一二）『折たく柴の記』岩波文庫
嵐山光三郎（二〇〇七）『悪党芭蕉』新潮社
荒正人「解説」（昭和四十六）パール・バック著、大久保康雄訳『大地』所収、河出書房
池澤一郎（一九九七）「大田南畝における吏隠の意義」『近世文学研究と評論』十一月号
池澤一郎（一九九八）「大田南畝の自嘲」『日本文学』第四七巻
池澤一郎（二〇〇〇）『江戸文人論—大田南畝を中心に—』汲古書院
石川英輔（二〇〇九）『実見江戸の暮らし』講談社
稲垣史生編（平成二〇）『江戸編年事典』青蛙房
稲垣史生（平成二二）『三田村鳶魚江戸生活事典』青蛙房
井原西鶴著、掘切実訳注（平成二二）『日本永代蔵』角川ソフィア文庫

井原西鶴著、暉峻康隆他校注・訳（一九九九）『新編日本古典文学全集六六〜六八、井原西鶴集一〜三』小学館
揖斐高（二〇〇九）『江戸の文人サロン』吉川弘文館
今井金吾校訂（二〇〇三）『武江年表』ちくま学芸文庫
今尾恵介（平成二〇）『地名の社会学』角川選書
井本農一（二〇一五）『芭蕉入門』講談社学術文庫
江戸狂歌研究会（二〇一四）『化物で楽しむ江戸狂歌』笠間書院
王丸勇（昭和四五）『病跡学から見た松平忠直・徳川家光・徳川綱吉』歴史図書社刊
王丸勇（昭和五〇）『忠直卿と犬公方─松平忠直と徳川綱吉の病跡─』新人物往来社
大石慎三郎（一九七五）『元禄時代』岩波新書
大石慎三郎（一九九一）『田沼意次の時代』岩波書店
大石学編（二〇一三）『徳川歴代将軍事典』吉川弘文館
大江健三郎（二〇一四）『あいまいな日本の私』岩波新書
大岡敏昭（二〇〇七）『幕末下級武士の絵日記』相模書房
大松騏一（二〇〇三）『神田上水工事と松尾芭蕉』東京文献センター

【参考文献】

小野武雄（二〇〇九）『江戸物価事典』展望社
加賀樹芝朗（二〇〇三）『朝日文左衛門　鸚鵡籠中記』雄山閣
加賀樹芝朗（昭和四一）『元禄下級武士の生活』雄山閣
粕谷宏紀（昭和六一）『石川雅望研究』角川書店
加藤淳子（二〇一一）『下級武士の米日記』平凡社新書
金森敦子（二〇〇〇）『芭蕉はどんな旅をしたのか』晶文社
金森敦子（二〇一三）『曾良旅日記を読む』法政大学出版会
加納正二（二〇一八）『地域密着型金融の限界とフィンテック』三恵社
カミュ著、渡辺守章訳（昭和五三）『カリギュラ・誤解』新潮文庫
木内石亭著、横江孚彦訳（平成二二）『口語訳雲根志』雄山閣
喜田川守貞著、宇佐美英機校訂『近世風俗史』（二〇一一）岩波文庫
北島正元編（昭和四九）『徳川将軍列伝』秋田書店
北原進（二〇〇八）『江戸の高利貸』吉川弘文館
北原進（平成二六）『百万都市江戸の経済』角川ソフィア文庫
喜多村筠庭著、長谷川強他校訂（二〇〇九）『嬉遊笑覧』岩波文庫

北村季吟（昭和五二）『北村季吟古註釈集成』新典社
鬼頭宏（二〇一〇）『文明としての江戸システム』講談社学術文庫
岐阜県現代陶芸美術館（二〇一七）『浦上父子コレクション展　引き継がれるコレクター魂』
木村三四吾（平成一〇）『俳書の変遷―西鶴と芭蕉―』八木書店
曲亭馬琴（二〇一五）『近世物之本江戸作者部類』岩波文庫
ドナルド・キーン著、金関寿夫訳（二〇一三）『百代の過客』講談社学術文庫
沓掛良彦（二〇〇七）『大田南畝』ミネルヴァ書房
熊澤蕃山著、後藤陽一・友枝龍太郎校注（一九七一）『日本思想体系　三十　熊澤蕃山』
岩波書店
倉地克直（二〇一六）『江戸の災害史』中公新書
キャロル・グラハム著、多田洋介著（二〇一三）『幸福の経済学』日本経済新聞出版社
黒板勝美・国史大系編集会編（昭和五一）『徳川実紀』吉川弘文館
グロービス経営大学院（二〇一四）「『創業三〇〇年の長寿企業はなぜ栄え続けるのか』東洋
経済新報社
桑田忠親（昭和五〇）『徳川綱吉と元禄時代』秋田書店

【参考文献】

ケンペル著、斎藤信訳（二〇〇一）『江戸参府旅行日記』平凡社、東洋文庫
小池正胤（一九九八）『反骨者大田南畝と山東京伝』教育出版
神坂次郎（昭和六〇）『元禄畳奉行の日記』中公新書
厚生労働省「国民生活基礎調査」
厚生労働省（二〇一七）『平成二十九年版労働経済の分析―イノベーションの促進とワーク・ライフ・バランスの実現に向けた課題』（『平成二十九年版労働経済白書』）
厚生労働省（二〇一八）『平成三十年版労働経済の分析―働き方の多様化に応じた人材育成の在り方について』（『平成三十年版労働経済白書』）
国際ギデオン協会（一九七五）『新約聖書』日本聖書協会
小島信夫（昭和四六）「解説」モーム著、大橋健三郎訳、『人間の絆』所収、河出書房
児玉幸多（二〇〇五）『日本の歴史　十六　元禄時代』中公文庫
後藤俊夫監修（平成二九）『長寿企業のリスクマネジメント』第一法規
小林ふみ子（二〇〇九）『天明狂歌研究』汲古書院
小林ふみ子（二〇一四）『大田南畝江戸に狂歌の花咲かす』岩波書店
ビル・コンドン著、江崎リエ・藤田真利子訳（二〇〇三）『シカゴ』角川文庫

斎木一馬他校訂（昭和五七）『徳川諸家系譜』続群書類従完成会
斎藤忠（平成元）『木内石亭』吉田弘文館
斎藤茂吉（一九八五）『万葉秀歌』岩波新書
山東京山（昭和四九）「蜘蛛の糸巻」『日本随筆大成　第二期七』吉川弘文館
篠田達明（二〇〇五）『徳川将軍家十五代のカルテ』新潮社
島内景二（二〇〇九）『柳澤吉保と江戸の夢』笠間書院
島村妙子（一九七二）「幕末下級武士の生活の実態」『史苑』三二巻、二号、立教大学
澁澤龍彦（昭和六三）『幻想博物誌』河出文庫
写真記録刊行会編（二〇一二）『写真記録日本貨幣史』日本ブックエース
鈴木俊幸（二〇一二）『蔦屋重三郎』平凡社
荘子、金谷治訳注（二〇一五）『荘子一、二、三、四』岩波文庫
総務省統計局（二〇一八）「労働力調査（詳細集計）」十一月六日付け
高橋亀吉（二〇一一）『日本近代経済形成史　第一巻』東洋経済
高橋章則（一九九七）「鶯谷吏隠大田南畝」『日本思想史　その普遍と特殊』ぺりかん社
高馬三良訳（一九九四）『山海経』平凡社

【参考文献】

高柳金芳（一九八〇）『図説江戸の下級武士』柏書房
竹内誠・深井雅海・松尾美恵子『徳川大奥事典』東京堂出版
武田麟太郎（昭和四十）「西鶴町人物雑感」暉峻康隆編『日本古典鑑賞講座 十七 西鶴』
所収、角川書店
多田克己編、京極夏彦（二〇〇八）『妖怪画本・狂歌百物語』国書刊行会
橘木俊詔・安田武彦編（二〇〇六）『企業の一生の経済学』ナカニシヤ出版
田中善信（二〇〇八）『芭蕉二つの顔』講談社学術文庫
玉林晴朗（一九九六）『蜀山人の研究』東京堂出版
チュツオーラ著、土屋哲訳（二〇一二）『やし酒飲み』岩波文庫
陳瞬臣（一九九七）『聊斎志異考』中公文庫
塚越寛（二〇一四）『リストラなしの年輪経営』光文社
塚本学（平成一〇）『徳川綱吉』吉川弘文館
辻善之助（一九八〇）『田沼時代』岩波文庫
帝国データバンク編（二〇〇九）『百年続く企業の条件』朝日新書
寺沢正雄（一九七八）『テイラー・フォード・ドラッカー』森山書店

東京千代田区紀尾井町遺跡調査会（一九八八）『紀尾井町遺跡調査報告書』
東武野史『三王外記』写本
徳富蘇峰（昭和五七）『近世日本国民史、元禄時代政治編』講談社学術文庫
戸田茂睡著、塚本学校注（一九九八）『御当代記』東洋文庫
トルストイ著、中村白葉訳（昭和四六）『アンナ・カレーニナ』河出書房
内閣府ＨＰ
内藤耻叟（昭和六〇）『徳川十五代史』新人物往来社
中右瑛（平成二四）『江戸の劇画・妖怪浮世絵』里文出版
長澤和彦（二〇〇〇）「大田南畝と松平定信」『近世文学研究と評論』七十四号
西尾次郎他編集顧問（二〇一三）『歴史読本』一月号　新人物往来社
日本銀行金融研究所貨幣博物館ＨＰ
日本ヘミングウェイ協会（一九九九）『ヘミングウェイを横断する』本の友社
野口武彦（二〇〇三）『蜀山残雨』新潮社
長谷川強校注（二〇〇九）『元禄世間咄風聞集』岩波文庫
花咲一男（一九七二）『江戸買物独案内』渡辺書店

【参考文献】

浜田義一郎（昭和三八、一九八九）『大田南畝』吉川弘文館
濱田義一郎（一九八八）「江戸文人の歳月」『大妻女子大文学部紀要』第二十号
原田幹校訂（昭和四二）『東海道名所図会（安政五年版）』人物往来社
尾藤正英（一九九三）『江戸時代とはなにか』岩波書店
平賀源内先生顕彰会編（平成元）『平賀源内全集、上下』名著刊行会
ヨハネス・ヒルシュマイヤー、由井常彦（昭和五二）『日本の経営発展』東洋経済新報社
福田千鶴（二〇一〇）『徳川綱吉』山川出版
富士正晴（一九九四）『奥の細道』学研
藤田覚（一九九三）『松平定信』中公新書
藤田覚（二〇一二）『田沼時代』吉川弘文館
藤田覚（二〇一二）『日本近世の歴史　四　田沼意次』吉川弘文館
武陽隠士著・本庄栄次郎校訂（二〇〇五）『世事見聞録』青蛙房
蒲松齢著、柴田伝馬訳（二〇一二）『聊斎志異』ちくま学芸文庫
蒲松齢著、立間祥介訳（一九九九）『聊斎志異』岩波文庫
B・M・ボダルト＝ベイリー著、早川朝子訳（二〇一五）『犬将軍』柏書房

前川洋一郎・末包厚喜編（二〇一一）『老舗学の教科書』同友館
真山青果（昭和二七）『真山青果随筆選集、第二巻』講談社
松尾芭蕉著、穎原退蔵・尾形仂訳注（平成二〇）『おくのほそ道』角川ソフィア文庫
松尾芭蕉著、萩原恭男校注（二〇一五）『おくのほそ道』岩波文庫
松尾芭蕉著、角川書店編（平成一九）『おくのほそ道』角川ソフィア文庫
松尾芭蕉著、中村俊定注（二〇一六）『芭蕉紀行文集』岩波文庫
松尾芭蕉著、雲英末雄・佐藤勝明訳注（平成二六）『芭蕉全句集』角川ソフィア文庫
松下幸子（二〇一二）『江戸料理読本』ちくま学芸文庫
松本寛（二〇〇二）『蔦屋重三郎』講談社学術文庫
三上隆三（二〇一一）『円の誕生』講談社学術文庫
三島由紀夫（昭和四七）『葉隠入門』光文社
三田村鳶魚（昭和五〇）『三田村鳶魚全集』中央公論社
三田村鳶魚（昭和五一）『未刊随筆百種』中央公論社
三戸公（一九九六）『「家」としての日本社会』有斐閣
三升屋二三治（昭和四九）「十八大通」『日本随筆大成、第二期、第十二巻』吉川弘文館、

【参考文献】

宮本又次（二〇〇三）『豪商列伝』講談社学術文庫
三好一光（平成十四）『江戸生業物価事典』青蛙房
目崎徳衛（二〇〇八）『西行』吉川弘文館
森下あや子（二〇一四）「老舗企業の持続メカニズムの理論と応用に関する研究：拡大成長から持続型経営へ」博士論文、静岡大学大学院
森銑三（昭和四五）『森銑三著作集』中央公論社
森銑三（昭和四五、平成二）『井原西鶴』吉川弘文館
森銑三他編（昭和五五）『随筆百花苑第七巻』中央公論社
森銑三他監修（昭和五八）『続日本随筆大成別巻、近世風俗見聞集』吉川弘文館
安村敏信監修（二〇一四）『浮世絵図鑑』別冊太陽、平凡社
柳澤吉保著、宮川葉子校訂（二〇一一）『楽只堂年録』八木書店
山内昶（一九九二）『経済人類学の対位法』世界書院
山本健吉（二〇〇六）『奥の細道』世界文化社
山本健吉（一九六四）「川端さんの文章」『現代文学大系　第三三巻　川端康成』附属「月報十七」

山本常朝・田代陣基著、神子侃編著（一九八五）『葉隠』徳間書店
山本政恒著・吉田常吉校訂（一九八五）『幕末下級武士の記録』時事通信社
C・G・ユング著、野田倬訳（一九八四）『自我と無意識の関係』人文書院
横澤利昌編（二〇〇〇）『老舗企業の研究　百年企業に学ぶ伝統と革新』生産性出版
横田冬彦（二〇〇九）『天下泰平』講談社学術文庫
吉田和男（一九九五）『日本型経営システムの功罪』東洋経済新報社
吉田伸之（二〇一六）『成熟する江戸』講談社学術文庫
隆光著、永島福太郎・林亮勝校訂（昭和四四）『隆光僧正日記』続群書類従完成会
劉向・葛洪（一九九三）『列仙伝・神仙伝』平凡社
OECD (2014, 2017) Better Life Index
Shakespeare (1967) *Macbeth*, Penguin Books

【大田南畝作品テクスト】

『大田南畝全集　全二〇巻および別巻』編集委員代表　濱田義一郎（二〇〇一）岩波書店
『大田南畝集全』校訂武笠三（一九二六）有朋堂書店
『古今夷曲集全・萬載狂歌集全・徳和歌後萬載集全』校訂塚本哲三（一九二七）有朋堂書店
『日本随筆大成　別巻一〜六　一話一言　一〜六』日本随筆大成編輯部編（平成八）吉川弘文館
『続日本随筆大成八』（一九八〇）吉川弘文館
『続日本随筆大成九』（一九八〇）吉川弘文館
『新日本古典文学大系八四　寝惚先生文集・狂歌才蔵集・四方のあか』中野三敏・日野龍夫・揖斐高校注（二〇〇五）岩波書店
『日本古典文学全集四六、黄表紙　川柳　狂歌』浜田義一郎・鈴木勝忠・水野稔校注（昭和四六）小学館

あとがき

本書では働き方と文化イノベーションを中心に江戸の文化・経済活動を考察してきた。

今日言われる「働き方改革」の副業・兼業はすでに江戸時代に実施されていたのである。江戸時代の副業・兼業は収入を増やすだけではなく、失業者を減らし雇用を確保するためのワーク・シェアリング、多様な人々とのつながりを保つ、ワーク・ライフ・バランスの推進など様々な効果があったであろう。

「宵越しの金は持たない」という言葉がある。これは江戸っ子の気風を示す言葉とされる。この背景として様々な江戸の状況が考えられる。金貸しはあったが、預金を預かる金融機関はなかったため金を確実に保管する方法がなかった。その上、江戸は火事が多いため金を持っていても焼失してしまう。特に長屋住まいの庶民には土蔵（当時としては耐火構造）を持つことなどできるはずもなかった。などの解釈があろう。

しかし、私はやはりこの言葉は江戸っ子の気風と考えたい。また、この言葉はシェアリング・エコノミーのスローガンにも思える。長屋は次々と人が入れ替わる。マイホームは必要なのか。果たしてマイカーは必要なのか。

本書では、江戸の娯楽であった文化が経済活動に結びついてゆく文化イノベーションの過程と江戸の多様な働き方について考察した。近代経済学では時間は労働と余暇に二分される。もっとも大きな文化イノベーションは「時間」の概念を革新することにあるのかもしれない。

思うに（経済学に限らず）社会科学には自然科学のような絶対的、唯一の真実は存在せず、社会科学の学問を追求することには限界があるように思う。

社会科学は人間がつくった制度・社会現象を研究対象とする学問であるため、イデオロギーや価値観によってぶれが生ずる可能性を否めない。

経済学は効率的な資源配分を追求する学問だ。効率性を高めるために（経済学では）競争を前提とするようである。競争によって人生に明暗が分かれる。勝者と敗者の間は、「月旅行を計画する大富豪」と「貧苦で心中する母子」という格差になって現れる。

奇しくも二〇一八年、この二つのニュースはほぼ同じ時期に報道された。貧富の差は競争の結果だからやむなしと考えざるを得ないのであろうか。

江戸時代ならばともかく、奢侈・贅沢を禁止するような法律は現代にはあり得ない。

むしろ、消費の上昇はＧＤＰを増加させるというのは社会の共通認識であろう。経済学部の一年生はマクロ経済学の基礎的な理論としてそのことを学ぶ。

厚生労働省「国民生活基礎調査」によれば、わが国の相対的貧困率（二〇一二年）は一六・一％である。相対的貧困率とは貧困線以下の世帯の割合のことをさす。ここで貧困線とは、二〇一二年の場合、日本の総世帯の所得の中央値（二四四万円）の半分（一二二万円）のことである。つまり一ヶ月十万円以下、一日三千円以下で家計をやり繰りしている家庭が六世帯に一つあるわけだ。はたして貧困は自己責任なのだろうか。

人は効率性だけでは生きてゆけない。本書第四章では、経済学の教科書に定番として登場するアインシュタインと秘書の比較優位の話を述べた。

社会全体の効率的な資源配分という観点のみで、アインシュタインと勘違いしている自惚れ屋の下働きをさせられ、一度しかない貴重な人生を浪費させられてはつまらない。

社会全体の効率性が仮に高くなったとしても個々の人間の生きがいが満たされなければ人は生きている意義を見出すことができなくなる。

そもそもアインシュタインのような不世出の天才研究者は滅多にいるわけではない。

（食材の）大根は都合よく切り刻まれ刺身のツマになるよりも煮込みおでん料理の具として太く丸い形のまま、でーんと居座り存在感を示す人生のほうがより幸福であろう。

様々な価値観を持った人々が多様な生き方をしている社会である。我々は多様性を認める柔軟さが必要であろう。この柔軟さは働き方に対してのみならず、生き方そのものに対しても求められるであろう。

今後は社会全体の効率性よりも一人あたりの生きがいのほうが重要になるかもしれない。

私は二〇一八年、夏、勤務先の大学で一般市民向けの講演を行った。演題は「五代将軍綱吉は犬将軍か大将軍か（Dog Shogun or Big Shogun?）」である。さて講演当日になっても犬将軍か大将軍かどちらで結論づけるか決まらない。

綱吉は社会福祉政策の先鞭をつけ学問文化を奨励し、元禄時代には西鶴・芭蕉・近松という三代文人も輩出している。犬将軍では可哀想な気がするが、さりとて大将軍と言えるほどでもないような気もする。八代将軍吉宗ならば大将軍の栄誉を受けたかもしれないが……。

犬将軍とも大将軍とも決めがたく心が揺れ半ば冗談で講演をこう締めくくった。

――「犬」でも「大」でもなく、綱吉は自分の気持ちに忠実に人生を「太」く生きたのでしょう。Dog でも Big でもなく、Dig（発掘する。探求する。物事を深く調べあげる）な性格だったのでしょう。

脳梗塞で倒れ寝たきりの暮らしを余儀なくされた父の介護のために私は大阪から故郷へ戻った。今年は、十余年寝たきりの生活を強いられた亡父の三回忌である。

亡父は白い花が好きだった。亡父が庭と畑に植えた花や樹木には白い花をつけるものが多い。

今、拙宅の庭では紅白の山茶花が咲き乱れている。

毎年、なぜか白い山茶花が紅色の花よりも先行して咲き始める。

――私が植物学者であれば探求してみたい謎だ。

純白の山茶花の花は初雪が降ったかと錯覚させるほど新鮮で美しい。

花の少ない時期に、十月から二月までくらいの長期間に渡って私を応援し心を温めてくれる山茶花が好きだ。

桜のようにいさぎよく散らないからこそ、山茶花が愛おしい。

明治維新百五十年　凛とした空気に白い山茶花が似合う季節

自宅茶梅庵（さばいあん）にて　加納正二

著者紹介

加納　正二（かのう　まさじ）
一九五七年、岐阜県生まれ。大阪大学大学院国際公共政策研究科博士後期課程修了。
大阪大学助手、大阪府立大学教授等を経て現在、岐阜聖徳学園大学経済情報学部教授。
大学院経済情報研究科科長。博士（国際公共政策）。専門は日本経済論。

主要著書
『地域密着型金融の限界とフィンテック』三恵社
『リレーションシップバンキングと地域金融』日本経済新聞社（共著）
『地域金融と企業の再生』中央経済社（共著）（平成十七年度中小企業研究奨励賞準賞）
『京都の地域金融』日本評論社（共著）
『経済学・経営学・法学へのいざない』大阪公立大学共同出版会（共著）
『新版　経済学辞典』中央経済社（共著）

江戸の働き方と文化イノベーション

2019年 3月15日　　初版発行

著 者　加納　正二

定価（本体価格1,852円+税）

発行所　株式会社　三恵社
〒462-0056 愛知県名古屋市北区中丸町2-24-1
TEL 052(915)5211
FAX 052(915)5019
URL http://www.sankeisha.com

ISBN978-4-86693-000-8 C0036 ¥1852E